中世 鎌倉盛衰草紙

峰岸純夫

目次

中世 鎌倉盛衰草紙
東国首都鎌倉の成立と展開

プロローグ　鎌倉幕府滅亡　鎌倉府への道　6
鎌倉幕府の滅亡／建武政権の成立と鎌倉／中先代の乱　鎌倉進攻／
幕府は鎌倉か京か／観応の擾乱―京都と鎌倉の二都物語
❖享徳の乱（応仁・文明の乱）略年表　18
❖将軍・鎌倉公方・執事・管領の関東在留期間と鎌倉府の時期区分　20

第一部　戦国時代は鎌倉から始まった　21
◈享徳の乱とは―鎌倉動乱　21
一　鎌倉府の体制　22
中世の日本には西と東に二つの国家があった／鎌倉府への上倉／
鎌倉府の公方を補佐する関東管領／鄙の都　鎌倉公方の野望

二　東西戦争前夜　28
◆享徳の乱の主役――二つの足利家　28
上杉氏内部抗争 上杉禅秀の乱／鎌倉公方足利持氏による永享の乱／
結城合戦と将軍足利義教の横死／
八代将軍足利義政と鎌倉公方足利成氏の誕生／江ノ島合戦
三　享徳の乱はじまる　36
◆享徳の乱の京への波及――天の怒り、そして応仁の乱へ　36
享徳の乱勃発／鎌倉公方と京の将軍の東西対決へ／
鎌倉公方、鎌倉を逃れ古河へ／利根川を挟んで、幕府軍と古河公方軍対峙／
足利義政　関東へ積極的に軍事介入
四　鎌倉府の消滅　42
◆享徳の乱から戦国時代へ――戦国領主が誕生　42
鶴岡八幡宮の破壊　鎌倉の衰退／東国の首都　鎌倉の終焉
五　享徳の乱終結　44
◆享徳の乱から生まれた英傑――太田道灌　44
享徳の乱後半の主役　長尾景春／太田道灌の活躍と限界／上杉氏の衰退／
享徳の乱終結 都鄙合体／足利成氏死す
六　戦国時代と関東　50
◆享徳の乱の歴史的意義――戦国大名の誕生へ　50
北条早雲の登場／戦国時代へ突入／関東の状況と成氏の怨念／戦国時代の終焉

第二部　日本列島の二つの国家 55

はじめに 56

第一章　東国首都鎌倉の成立 56

一　源頼朝はなぜ鎌倉を幕府の首都としたのか 56

二　鎌倉党の衰退 57

三　悲劇の源氏三代―頼朝・頼家・実朝― 58

頼朝の兄弟・子息／源頼朝最後の謎

四　幕府執権　北条氏の歴代 61

五　宗教都市鎌倉 64

鶴岡八幡宮寺と二十五坊／鎌倉の寺社／五山十刹／鎌倉の大仏

六　鎌倉の海上・陸上交通 69

港湾の建設／鎌倉街道の整備／稲村ケ崎・朝比奈の切通

第二章　執権北条氏と並び立つ最後の御家人安達氏 72

一　鎌倉における安達氏の屋敷を読み解く 72

鎌倉幕府御家人の館／今小路西遺跡／墨書木札「番文」の解読

二『蒙古襲来絵詞』に見る安達泰盛館 77

三　霜月の乱と安達氏の屋敷 82

第三章　南北朝・室町時代の鎌倉 86

結び
一 足利氏と鎌倉 86
二 享徳の乱と鎌倉 86
三 小田原北条氏による鶴岡八幡宮寺の再建とその後 89
90
主要参考文献 92
あとがき 94

東勝寺橋の紅葉
— この橋を渡れば、北条氏終焉の地 東勝寺跡に至る

プロローグ

prologue

鎌倉幕府滅亡　鎌倉府への道

鎌倉幕府の滅亡

元弘三年（一三三三）三月二七日に鎌倉を出陣した幕府軍は、四月一六日に京都に着陣する。幕府軍に加わっていた足利尊氏軍は四月二七日に伯耆の後醍醐天皇を撃つため丹羽国篠山に入るが変心、京都に引き返し五月七日に六波羅を攻め滅ぼす。

一方、関東では新田義貞が五月八日、上野国新田荘の生品明神で蜂起し、鎌倉攻めに出陣。鎌倉幕府が崩壊し、北条高時が東勝寺で一族とともに自刃したのは五月二二日である。

東勝寺旧蹟石碑

北条首やぐら—やぐらは鎌倉時代から室町時代にかけて造られた横穴でこれが墓所となったと考えられている

建武政権の成立と鎌倉

後醍醐天皇

鎌倉幕府の崩壊後、後醍醐天皇による公武一統の建武政権が実現する。しかし、足利氏は鎌倉を中心に東国に勢力を築こうとしていた。

元弘三年（一三三三）一二月、足利直義は鎌倉幕府の小型版のような組織をつくるべく相模守に任命され、後醍醐天皇の皇子成良親王を擁して鎌倉に下り鎌倉将軍府を組織する。これが、建武政権のなかに生まれた足利政権（後の室町幕府）の原型である。

中先代の乱

鎌倉進攻

建武二年（一三三五）七月十四日、信濃に蜂起した北条高時の遺児時行が諏訪氏らの軍勢を動員して進撃、直義を破り、七月二十五日鎌倉に入る。

その直前に直義は幽閉していた護良親王を殺害し、鎌倉を退去する。

鎌倉宮 護良親王墓

護良親王は、鎌倉幕府討滅の功労者として征夷大将軍に任ぜられたが尊氏と対立、尊氏を暗殺しようとして捕らえられ、鎌倉に流罪となっていた。直義は、護良親王が反足利氏の頭目に担がれる危険性を察知し殺害におよんだのであろう。その後、北条時行軍は各地で敗れ鎌倉を放棄した。その後の時行の生死は定かでない。

土牢の護良親王

鎌倉宮土牢 — 護良親王が幽閉されていた

鎌倉か京か幕府は

足利尊氏

　建武二年（一三三五）秋、尊氏・直義兄弟は、後醍醐天皇の建武政権に公然と反旗を翻し、ここに南北朝内乱の幕開けとなる。建武三年（一三三六）正月、京都での攻防戦、五月、湊川合戦の足利軍勝利、楠木正成討死などを経て、十月、後醍醐天皇は足利政権を認知する。

　延元三年（一三三八）八月、尊氏は征夷大将軍に任じられ、室町幕府成立の形式が整う。

　建武式目は足利政権の方針を示すものであった。冒頭（前文）に、柳営（幕府）をどこに設置したらよいか、という議論が載せられている。「鎌倉元のごとく柳営たるべきか。他所たるべきや否やの事」という選択肢を掲げ、鎌倉は源頼朝が「武館」を構え、承久の乱で北条義時が天下を併呑するなど、武家にとっての「吉土」（縁起の良い土地）であるが、諸人が「遷移」（京都移転）を欲するならば多数の意見に従う、とも記している。

　そして、政権所在地を鎌倉とするのか京都とするのか明確にしないまま、ひとまず京都においてスタートすることになったのである。

浅間山さくら ― 鎌倉アルプスから相模湾を望む

観応の擾乱

──京都と鎌倉の二都物語

尊氏には、今熊野という隠し子がいた。今熊野は、北条高時が滅んだ鎌倉東勝寺の小僧となっていたが、貞和元年（一三四五）上洛し、父子対面を果たそうとする。ところが、尊氏は嫡子と定めている義詮の兄にあたる今熊野の突然の出現に困惑し、対面を拒絶する。

その後、今熊野は直義の養子に引き取られ、直義の許で元服して直冬を名乗る。直冬は実父に対して計り知れない不信感を抱く一方、自分を救済してくれた養父直義に対し全幅の信頼を寄せ、尊氏・義詮と直義の対立の一つの火種となっていく。

瑞泉寺
– 偏界一覧亭の眺望

足利直義

やがて尊氏と直義の対立は、直義と尊氏の執事高師直の抗争へと変化するが、観応二年（一三五一）二月、師直兄弟父子を惨殺したことで直義側が大きく優勢となる。その後、直義に対する攻撃の主導権を尊氏の子義詮が掌握し、事態は直義と義詮の対決となっていく。

同年一二月、薩埵山合戦で敗れた直義は尊氏との和議を受け入れ、鎌倉へ戻り、観応三年（一三五二）二月、浄明寺（地名）で没する。

その後、尊氏は鎌倉殿と呼ばれて関東の支配を実現。鎌倉府の基礎を作り、次男基氏をその長（鎌倉公方）とした。この後、兄義詮の子孫が将軍家を、弟基氏の子孫が鎌倉公方を承継していくことになる。朝廷と幕府の置かれた京都と鎌倉府の置かれた鎌倉、という形の兄弟国家である。

観応の擾乱を経て、地域的分割統治をする国家形態「二都物語」が成立したのである。

浄妙寺 – 貞氏（尊氏と直義の父）と直義の墓所がある

	年号	西暦	鎌倉（関東）	京都
I期	文明4	1472	足利成氏、古河を回復	
	文明5	1473	長尾景信没す	山名宗全没す 細川勝元没す 足利義尚、将軍となる
II期	文明8	1476	長尾景春の反乱	
	文明9	1477	五十子陣が崩壊	応仁・文明の乱終わる
	文明12	1480	足利成氏と幕府軍が現地で和睦	
	文明14	1482	京都・関東の和議→享徳の乱終結。都鄙合体	
その後	文明18	1486	扇ケ谷上杉定正が太田道灌を誅殺	
	長享元	1487	山ノ内顕定と扇ケ谷定正、両上杉の対立→長享の乱起こる	
	延徳2	1490		足利義政没す
	延徳3	1491	足利政知没す	
	明応2	1493	北条早雲の北伊豆進出	明応の政変→細川政元が将軍足利義材を追放
	明応4	1495	北条早雲、小田原城を奪取	
	明応6	1497	足利成氏没す	
	明応7	1498	明応の大地震 →北条早雲の南伊豆侵攻 堀越公方足利茶々丸討滅	
	永正2	1505	扇ケ谷上杉氏の河越（川越）城が落城	
	永正4	1507	越後守護の上杉房能、守護代の長尾為景に殺さる	細川政元、暗殺さる →永正の錯乱
	永正7	1510	関東管領上杉顕定、長尾為景と戦って越後に敗死	
	永正9	1512	古河公方足利政氏と高基、上杉顕実と憲房の対立	
	永正11	1514	長尾景春没す	
	永正16	1519	北条早雲没す	

鎌倉・京都 二つの国家

◆享徳の乱《 応仁・文明の乱 》略年表

時期	年号	西暦	鎌倉（関東）	京都
前史	応永16	1409	足利持氏、鎌倉公方となる	
	応永23	1416	上杉禅秀の乱	
	応永24	1417	上杉禅秀、敗死	
	応永35	1428		足利義教、将軍となる
	永享3	1431	足利成氏生まれる	
	永享10	1438	永享の乱、足利持氏・義久自害	
	永享12	1440	結城合戦	
	嘉吉元	1441		嘉吉の乱、足利義教死す
I期	文安6 宝徳元	1449	足利成氏、鎌倉公方となる →鎌倉府の再興	足利義政、将軍となる
	宝徳2	1450	江ノ島合戦	
	享徳3	1454	関東管領上杉憲忠、足利成氏に誅殺さる→享徳の乱起こる	
	享徳4 康正元	1455	足利成氏、鎌倉から拠点を下総古河に移す（古河公方）	幕府、「上杉氏援助、足利成氏討滅」の方針を決定
	康正3 長禄元	1457	太田資長（道灌）、江戸城を築く 渋川義鏡、関東探題に	幕府、新たに将軍義政の庶兄、政知の関東派遣を決定
	長禄2	1458	足利政知、関東に下向 （伊豆の堀越公方）	幕府、上杉氏を援助し、関東に全面介入。 越後・上野・武蔵の軍勢と京都派遣の武士などを武蔵五十子陣に総結集
	長禄3	1459	武蔵五十子陣の形成	長禄・寛正の大飢饉（～1465）
	寛正2	1461		斯波義廉、家督を継ぐ
	寛正4	1463	山ノ内上杉氏の家宰 長尾景仲没す→景信が継ぐ	
	文正元	1466	関東管領上杉房顕没す →養子の顕定が継ぐ	
	応仁元	1467		応仁・文明の乱が起こる
	文明3	1471	児玉塚陣→足利成氏、一時古河城を退去	

鎌倉・京都 二つの国家

◆将軍・鎌倉公方・執事・管領の関東在留期間と鎌倉府の時期区分

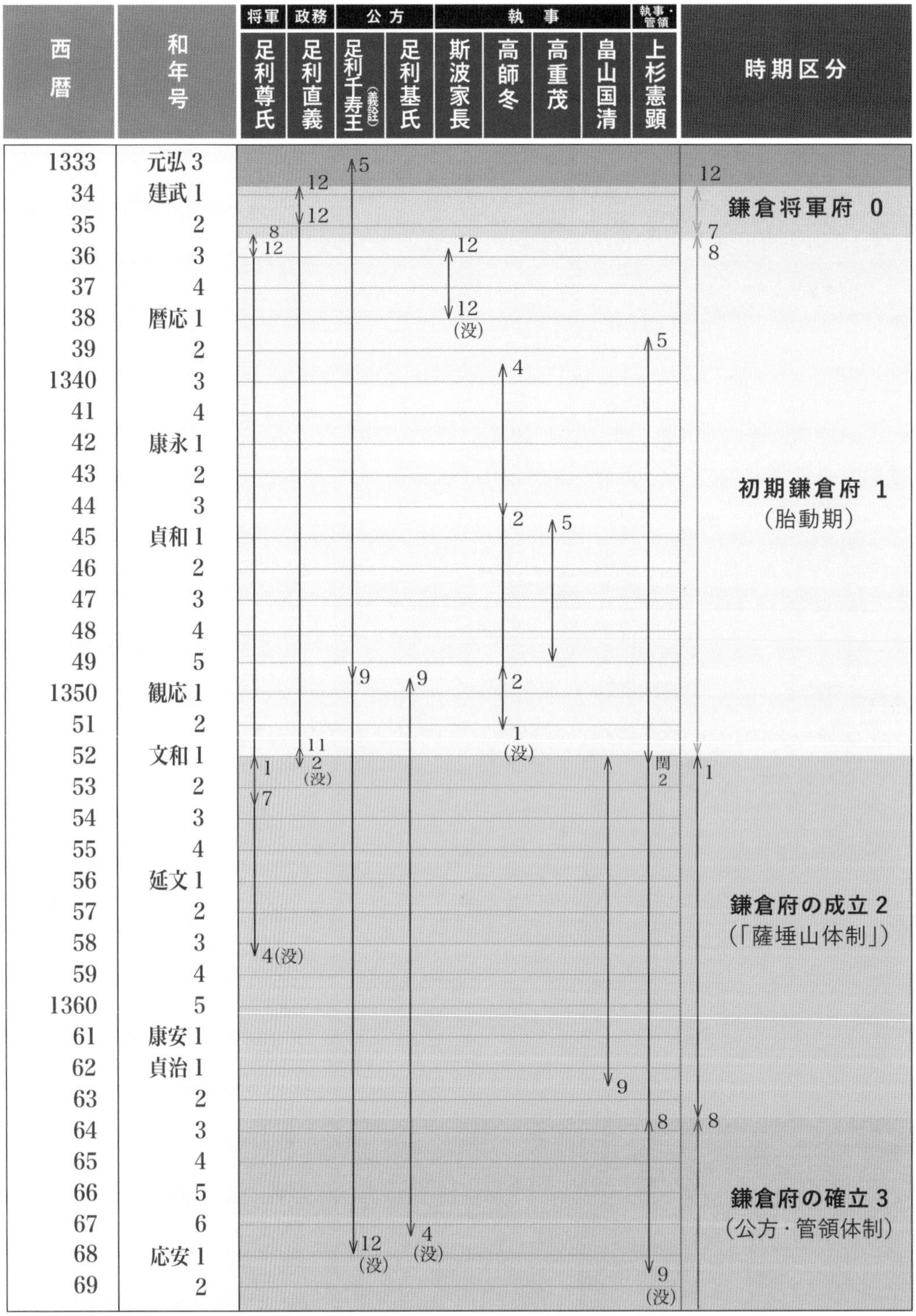

注1：←→脇の数字は月を表す。　2：━━は鎌倉、━━は京都を示す。

第一部　戦国時代は鎌倉から始まった

百八やぐら ― 鎌倉のやぐら群でも最大規模のものである
当初、金箔が貼られていたともいわれ、今も
金色に輝いているかのようである

「享徳の乱」とは

鎌倉動乱

享徳三年（一四五四）鎌倉公方足利成氏が関東管領上杉憲忠を誅殺し、享徳の乱が発生。以後、三〇年近くにわたって、東国は混乱を極める。この内乱は、上杉氏を支える京の幕府足利義政政権が鎌倉（古河）公方打倒に乗り出した東西戦争である。

関東で起こったこの戦乱は戦国時代の開幕として位置づけられるべきであり、峰岸純夫は「享徳の乱」という新しい名称を提唱した。昭和三八年（一九六三）のことである。

一　鎌倉府の体制

中世の日本には西と東に二つの国家があった

話は享徳の乱から一二〇年さかのぼる。建武政権は、建武元年（一三三四）鎌倉将軍府を設けた。鎌倉府には関東十ヶ国成敗の権限が与えられ、鎌倉幕府を継承した政治体制（地域政権）が成立した。足利氏の全国政権成立後も尊氏の弟直義、次いで二代将軍義詮の弟基氏が鎌倉府を継承し、その子孫が鎌倉公方として関東十ヶ国と奥羽を支配下に置いた。

足利氏が日本列島を支配下に治めた中で、兄の国（京）、弟の国（鎌倉）が併存し、鎌倉府は東国支配を委任された一個の巨大な政権として存在したのである。

鎌倉府への上倉

鎌倉公方が統轄する関東御分国は、相模・武蔵・上野・下野・常陸・上総・下総・安房・甲斐・伊豆の十ヶ国で、その守護大名・国人は上洛ならぬ上倉して鎌倉に勤仕する。

浄明寺
足利公方邸旧蹟石碑

秋の獅子舞展望 ＋ 鎌倉公方邸の背後に位置する

鎌倉府の政治機構

京都 将軍（幕府）
- 鎌倉公方
  - 守護
    - 上野・武蔵・伊豆（山内上杉）
    - 相模（三浦）
    - 安房（結城）
    - 常陸（佐竹）
    - 下野（小山・結城）
    - 上総（？）
    - 下総（千葉）
  - 奉公衆（公方人＝直属家臣）
    - 宿老（野田・木戸）
    - 御所奉行（佐々木・海上・梶原・宍戸・二階堂・寺岡・本間・海老名）
    - 御所奉行人（壱岐・明石・布施・雑賀・清・吉岡）
    - 御厩別当（梶原）
  - 関東管領（上杉氏）（公方殿ノ御代官）
    - 小侍所
    - 評定奉行（評定衆ー引付衆）評定衆の下司
    - 政所（二階堂）
    - 問注所
    - 侍所（千葉介）
    - 社務・社家奉行（勝長寿院・箱根奉行ー二階堂）
    - 管領奉行（小宮山）
    - 管領被官中之宿老（長尾・大石・太田・上田）

（ ）内は守護

各国の国人・一揆

扇谷上杉

鎌倉府の公方を補佐する関東管領

関東管領の上杉氏は鎌倉公方の補佐役トップであるが、京都（室町幕府）の意向を踏まえて鎌倉公方に進言することも任務としていた。上杉氏は山ノ内・扇ケ谷・犬懸・詫間など屋敷を構えた鎌倉内の地名を称する一族に分かれ、能力に応じて関東管領を任ぜられたが、後に山ノ内上杉氏が地位を独占するようになる。

鎌倉公方・関東管領という二つの統率的な専制権力を頂点とする政治体制ができ、公方方には御一門・奉公衆・守護が、上杉方には上杉一族と管領被官が属し、その下に国人・一揆があった。

京都・鎌倉の公方は共に「大樹」と号され、それに対応する管領は「大途（大きな道）」と呼ばれた。

明月院やぐら ― 紫陽花の森の奥にひっそりと祀られている

鶴岡八幡宮流鏑馬馬場 ─ 東国の主府のシンボルとして寺と神社が併存する宗教施設だった

鄙の都　鎌倉公方の野望

京都・鎌倉二人の公方を「都鄙《とひ》之公方」とする表現が目につく。室町将軍が日本列島の中心「都《みやこ》」の公方であるのに対して、鎌倉公方は一段低い田舎「鄙《ひな》」の公方ということである。そして、鎌倉公方には、将軍権力を獲得しようとする意識が常に潜在的にあり、それを諫める関東管領を疎んずる傾向が強かった。

二 東西戦争前夜

「享徳の乱」の主役

二つの足利家

兄弟国家である幕府と鎌倉府の関係は、当初は共通の敵である南朝方との対決が主要な課題であったため対立は表面化しなかった。しかし、南北朝内乱が収まって一応の平和が実現していく世代になると、両者の対立が激化、それぞれの体制内部でも紛争が続いている。

上杉氏内部抗争 上杉禅秀の乱

応永二三年（一四一六）鎌倉府内の私闘というべき上杉禅秀の乱が起った。山ノ内上杉氏と犬懸上杉氏の勢力争いである。

鎌倉公方足利持氏を追い出し鎌倉を制圧した上杉禅秀（氏憲）だったが、四代将軍足利義持が管領山ノ内上杉憲基方の支援を決定し、その命を受けた駿河今川氏・越後上杉氏が鎌倉へ進撃、禅秀は雪ノ下の坊で自害する。

明月院 ― 山ノ内上杉氏の本拠地に程近い寺院である

鎌倉公方足利持氏による永享の乱

鎌倉公方持氏は権勢欲が強く、強引な性格の持ち主であった。将軍義持のおかげで鎌倉に戻ることができたのに、京に対する反発は止まなかった。折しも、持氏に勝るとも劣らぬ強引な性格の義教が将軍に就く。両者の対立は深まり、間に入った管領上杉憲実は苦悩する。

永安寺址石碑

永安寺跡は現在旧家の庭となっている

（上下とも撮影／犬懸坂祇園）

永享一〇年（一四三八）持氏は管領上杉憲実征討を決行。憲実は上野の白井城に退去する。幕府は憲実救済のため出陣を命令し、永享の乱が始まる。合戦の末に敗れた持氏は永安寺で、子息義久も報国寺で、自害する。

報国寺やぐら ─ 報国寺と永安寺はわずか数百メートルの距離にあった

結城合戦と将軍足利義教の横死

永享一二年（一四四〇）持氏の遺児安王丸と春王丸は、結城氏朝を中心とする反幕府の多くの武将に迎えられ、結城城に籠る（結城合戦）。しかし、嘉吉元年（一四四一）四月、幕府上杉連合軍に包囲され落城、処刑される。合戦に不参加の永寿王丸（成氏）は幼かったため命を長らえ、関東を離れる。

ところが勝利から二ヶ月余り後、将軍義教は守護赤松満祐に殺害され、その満祐も幕府軍と戦って敗れ、自害。持氏、義教という東西の強引な権力者が相次いで世を去り、新たな時代となる。

歴史は常に過去と折り重なって展開する。一五世紀前半のこの戦乱の中で敗者となった者の子孫の心に戦乱の悲劇は深く刻まれ、一五世紀後半の享徳の乱に引き継がれることになる。

八代将軍足利義政と鎌倉公方足利成氏の誕生

鎌倉公方・将軍共に空位が何年も続いた後、文安六年（一四四九）持氏の遺児永寿王丸は足利義成（義政）の八代将軍就任を待ち、鎌倉西御門に迎えられ、「成」の一字を与えられて元服し、鎌倉公方成氏となる。西の義政、東の成氏という形で、新たな将軍と鎌倉公方の時代が到来する。

東国は持氏を滅ぼした憲実が引退し、その子憲忠と成氏の政治体制となる。しかし、両者の間には、最初から波風が立っていた。「父持氏殺害に加担した上杉憲実の子」この一点で、成氏は憲忠を感情的に許せなかったのである。

滑川 ― 鎌倉市街を流れる最大の河川である

江ノ島合戦

成氏の復活後、鎌倉府の課題はあまりに多かった。永享の乱以後の管領とのわだかまりと、乱での勝者と敗者それぞれの側に立った要望が複雑に絡み合い、一触即発の情勢であった。そして、宝徳二年（一四五〇）憲忠の家宰長尾景仲や扇ケ谷上杉の家宰太田道真らが成氏を攻め、成氏は江ノ島へ逃れる。その後、腰越と由比ケ浜で交戦すると、上杉連合軍は敗退し、相模国糟屋に籠る。この一連の騒動を江ノ島合戦という。

しかし公方直臣団や伝統的豪族層は弱体化し、上杉家の被官の長尾・太田氏の指導権下の脅威はさらに高まってくる。結城・武田・里見・印東などの諸氏は必然的に成氏の下に結集する。もはや、本格的な衝突は必至であった。

江ノ島残照

三　享徳の乱はじまる

「享徳の乱」の京への波及

天の怒り、そして応仁の乱へ

享徳三年（一四五四）一一月二三日と一二月一〇日に大地震があり、この直後の一二月二七日に成氏による上杉憲忠誅殺事件が起き、享徳の乱が発生している。

持氏・成氏の父子二代にわたる上杉氏との対立関係と怨念、その復讐としての誅殺を合理化するものとして、自然災害＝天遺（神の怒り）とする思考法の存在があったのである。更に、鎌倉（古河）公方足利成氏の討滅に全力を傾注しても成果の上がらない足利義政・細川勝元政権に対する天の怒りという解釈を許し、山名宗全らの反乱に「天命による現政権誅伐」という意識を持たせ、京は応仁・文明の乱に突入していくのである。

享徳の乱勃発

享徳三年（一四五四）一二月二七日、鎌倉公方足利成氏は管領上杉憲忠を西御門邸に招いて誅殺した。次いで、鎌倉山ノ内の上杉邸を夜陰に紛れて襲撃し、敗走させる。その後、分倍河原合戦で公方軍は勝利すると、その後の各所でも連勝し、上杉方の敗色は濃厚になる。

鎌倉公方と京の将軍の東西対決へ

康正元年（一四五五）三月、将軍義政は上杉氏を援助し、成氏を討滅することを決定し、駿河守護の今川範忠、越後守護の上杉房定に出陣を命じた。さらに、義政は庶兄の政知を関東に下し、新たな公方（堀越公方）として成氏への対抗を図る。

関東に起こった内乱は、鎌倉の公方と京の将軍が東西対決する戦乱となった。

瑞泉寺紅葉（むじな塚）– かつて瑞泉寺と永安寺は隣接しており、その交流の伝説には「むじな」が登場する物が残る

報国寺竹林―報国寺は足利成氏の兄義久終焉の地である

古河公方足利義氏墓所 ― 広大な公園の一角にある墓所は深閑としている
公方義氏の娘で北条氏康の孫でもある氏姫は、最後の公方として
この地で生涯を終えた

鎌倉公方、鎌倉を逃れ古河へ

やがて幕府は大軍団を派遣、駿府守護今川範忠によって鎌倉は制圧され、成氏は下総の古河に本拠を移す。これ以降を古河公方と称し、利根川の東北部を支配して関東は二分される。

古河は成氏の直臣野田右馬助持忠の領有する地であり、その導きで選ばれたと考えられる。周辺には複数の直臣の拠点があり、近隣に小山氏や結城氏などの成氏を支持する豪族が存在して絶好の場所であった。

渡良瀬川と恩川の合流点の南、川の東側に位置する古河城は成氏以降五代の古河公方の居城となる。古河には今も、成氏によって鎌倉の鶴岡八幡宮から観請された八幡宮が残る。

古河八幡宮（八幡神社）
― 古河市街地に静かに建っている

（上下とも撮影／犬懸坂祇園）

■花押で示す対立の構造（享徳の乱 初期）

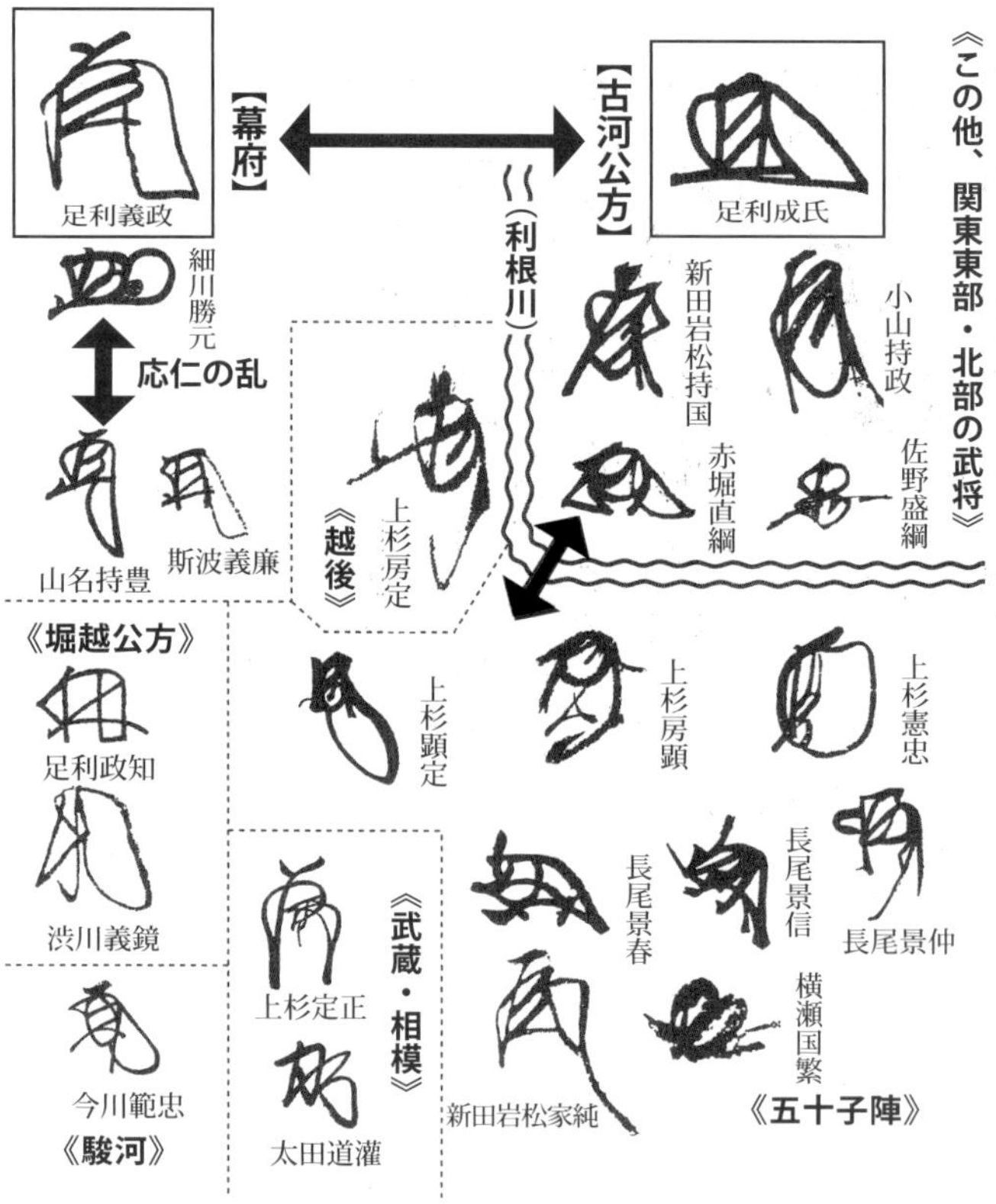

花押（かおう）とは、文書を書いた時に姓名の下に記したサインのようなもので、その人物を示すものとして重要視されました。前近代では、花押（かおう）はまさにその人物の顔（かお）のようなものでした。

利根川を挟んで、幕府軍と古河公方軍対峙

長禄三年（一四五九）山ノ内上杉房顕を総大将に武蔵五十子《いかっこ》陣が形成された。この陣所は一八年にわたり存続し、幕府方は利根川西南部地域を支配した。ほぼ利根川を軍事境界線とし、西南は幕府方、東北は古河公方方という両軍の勢力圏が形成された。

足利義政　関東へ積極的に軍事介入

足利義政は長禄四年（一四六〇）から文正元年（一四六六）にかけて一六二通の御内書（将軍の意向を踏まえて現地の対象者に交付されるもの）を発給し、関東における幕府上杉方に命令している。

御内書の数々からは関東の統制を欲して、軍事介入に極めて積極的な将軍義政の姿が浮かんでくる。それは、政治に無関心で文化面にのめり込んでいった「風流将軍」という、一般に流布した義政のイメージとは大きく異なる。

鶴岡八幡宮の朝

四 鎌倉府の消滅

「享徳の乱」から戦国時代へ

戦国領主が誕生

遠隔地の散在所領・所職の不知行化は、在地領主でも免れえない。一方で、遠くで失ったものを近くで得るという在地領主の論理が展開されている。

各地の中小武士は、享徳の乱においてその本拠地に城郭を構え、その周辺に所領を拡大していく。そこを本領として確定し、本城・支城を築いて防備を固め、城下に町場を作って経済活動の中心としていく。その形成と拡大につれ、次第に一円所領化が推し進められていくのである。享徳の乱は幅広い社会変革を生み出し、鎌倉府体制（守護領国体制）をほぼ崩壊させた。今や所領においてに如何に多くの家臣団を内包し軍事力を強大化するかが課題となった。常に、領内生産力を上回る軍事力構成を持つことが外への拡大エネルギーとなった。

この段階を戦国時代の開始と見て、こうした領主を戦国領主と名付けたい。そして、関東の彼らの中から戦国大名が生まれたか否か…。

鶴岡八幡宮の破壊　鎌倉の衰退

関東御分国内の知行主でも弱い部分（特に、寺社領）から不知行化が進行する。

鎌倉の中核をなす鶴岡八幡宮の事情はどうか。寛正二年（一四六一）の奉公人奉書から、鶴岡八幡宮の武蔵の国の所領がかなり押領されている事がわかる。また、鶴岡八幡宮自体も文安四年（一四四七）悪党の蜂起によって所々神宝・御正躰が盗みとられた。明応九年

釈迦堂切通 — 釈迦堂ケ谷や犬懸ケ谷周辺は有力御家人の屋敷が点在した

（一五〇〇）から社頭の造営を十余年行えず、その破壊は言語に絶する。永正一七年（一五二〇）地震によって、廻廊・拝殿・幣殿以下皆もって顛倒。鎌倉公方が不在となった後の鎌倉の衰退状況が表現されている。

東国の首都　鎌倉の終焉

足利成氏の古河移転によって鎌倉公方が本拠とした政治機構や、公方・有力武士の館はすべて撤去され、鎌倉は政治都市の役割を終えることになる。

治承四年（一一八〇）から二七五年、鎌倉幕府〜鎌倉府と東国政権の首都であり続けた鎌倉の終焉である。

一方、この間に日本を代表する宗教都市として展開してきた歴史をその後も歩んでいくことになる。

五

享徳の乱終結

「享徳の乱」から生まれた英傑

太田道灌

太田道灌

太田道灌は主君上杉定正の意を受けて江戸城を築き、城代としてここを守ったが、山吹の里の逸話が有名である。

道灌が武蔵で鷹狩に出かけた際、雨に降られ百姓家に立ち寄り蓑の借用を頼んだところ、出てきた女性は山吹の花を差し出すばかりで、蓑は借りることができなかった。道灌は憤然として帰ったが、後になって、それは

七重八重花は咲けども山吹の実のひとつだになきぞ悲しき

という古歌の意であり、女性は「実の」を「蓑」に引きかけておのが家の貧しさを察してくれるよう断ったのだと知り、自らの文芸にたいする素養のなさを反省。その後、精進し文武両道の武将となったという。

享徳の乱後半の主役　長尾景春

文明八年（一四七六）六月、長尾景春は、五十子陣を包囲襲撃すべく挙兵する。白井長尾氏は武蔵守護代、家宰として山ノ内上杉氏を下から支えてきた。古河公方と対決し、国人・一揆の先頭に立ち、この階層の利益を擁護しつつ結集を図ってきたその実力は大きい。しかし、白井長尾氏の後継をめぐって一族間の紛争が生じ、景春は反乱を決意する。

文明九年（一四七七）正月、景春軍の圧倒的な勢力の前に五十子陣はあっけなく崩壊してしまう。越後上杉・山ノ内上杉氏は撤収。一八年に及ぶ幕府方の本拠地五十子陣は解体を余儀なくされる。

太田道灌の活躍と限界

長尾景春は反乱の前に、太田道灌に相共に決起することを促す。太田氏は扇ケ谷上杉の家宰であり、道灌は景春の親密な友人であった。しかし、道灌は拒絶し、以後敵味方に分かれて戦うこととなる。

景春の反乱は広汎なもので、秩父を拠点に休む間もなく各地に転戦するエネルギッシュなものだったが、上杉氏体制を突き崩すことができなかった。その後、古河公方や北条氏と結びゲリラ的な行動をとったが、かつての影響力を失い、永正一一年（一五一四）不遇の中で没している。長尾景春は上杉氏の守護領国体制を打破して戦国大名への指向性を見せたが、景春の戦国大名化は成就しなかった。

一方、太田道灌は景春に味方した武蔵東部の大勢力の豊島氏を攻め滅ぼし、また、武蔵千葉氏を制圧する。つまり、道灌は景春打倒の最大の功労者である。だが、こうした功績を山ノ内上杉氏宛に綿々と書き連ねた（太田道灌状）書状から、旧来の体制の枠内に止まった彼の限界を見ることができる。

英勝寺竹林

江戸城を築いた道灌の慧眼は、皮肉にも徳川家康に武家の聖地鎌倉から江戸へと東国の首都を移行させる道筋をつくった　―写真は太田道灌邸跡に建つ英勝寺（鎌倉）

上杉氏の衰退

道灌の勢力拡大を恐れた扇ケ谷上杉定正は、文明一八年（一四八六）相模の守護所である糟屋の館に道灌を招いて殺害した。「臣下にやられる前に主君がやる」という事態が起きたのである。戦国時代は、この上剋下と下剋上が絡み合って上・下どちらかが権力を掌握する場合が多かった。

道灌殺害を発端として扇ケ谷上杉定正と山ノ内上杉顕定の対立が生じ、長享元年（一四八七）長享の乱となる。関東各地での合戦になったが、その決着はつかなかった。

以降、伝統的形骸のみを残す上杉氏体制は、衰退しつつも小田原北条氏が上野に進出する天文二一年（一五五二）まで、かろうじて命脈を保つことになる。

享徳の乱終結 都鄙合体

文明一二年（一四八〇）細川政元の提起で幕府と古河公方の和平交渉が開始され、文明一四年（一四八二）ついに和議が成立する。これを都鄙合体と称する。京都と鎌倉の合体である。

幕府から派遣された堀越公方が伊豆一国を管轄することで落着し、足利成氏は関東御分国の内、伊豆を割譲するという譲歩の代わりに残りの諸国の支配権を幕府に認めさせる。

二八年間にわたる大乱はここに終結したが、公方と管領が協力して鎌倉府のような政治体制を復活させることはなかった。古河公方と上杉氏は旧利根川をほぼ境界にしたそれぞれの領域支配を確保したが、その支配も旧来のものではなく、各地の戦国領主が割拠する状況となっていく。

足利成氏

足利成氏死す

明応六年（一四九七）古河公方足利成氏が没する。享年六七。

享徳の乱の二八年間、粘り強い戦いによって幕府・上杉氏と五分に渡り合い、事実上の勝利をもたらした点だけでも並々ならぬ器量があったというべきであろう。

その後、古河公方家は義氏まで五代にわたって継承され、江戸期は五千石の旗本交代寄合ながら十万石格の大名としての格式を許され、下野の所領から喜連川公方と称される。

浄妙寺新緑 ― 鎌倉五山の中で最も足利氏と縁の深い寺である

六 戦国時代と関東

「享徳の乱」の歴史的意義

戦国大名の誕生へ

国衆→戦国領主→戦国大名への流れに注目したい。鎌倉府体制における在地支配は、まとまった地域を領有する本領と各地に点在する散在所領からなり、それを幕府・鎌倉府が認定した。

享徳の乱によって上部権力が分裂抗争し、そのシステムが破綻し、各自が武力で所領を確保し、或いは、周辺の所領を武力で侵攻し確保するようになった。そして、各地に一郡ほどの範囲で勢力を張った領主により領が生まれ、戦国領主が成立する。

領の支配者は城郭を構築して、防備を固めるようになる。本城を中心に一族・家臣が支城に配置された。本城の近辺には城下町が作られ、流通の拠点となり、一つの地域的世界が形づくられたのである。戦国時代に成長していったその勢力には、前代の守護・守護代・国衆といわれる在地勢力が挙げられる。それらが、上剋下や下剋上といった抗争や地域間の争覇を通じて権力を拡大し、一国ないし半国以上の領域を掌握して戦国大名となっていく。このような日本史上の大転換をもたらしたのが享徳の乱である。

国衆の時代は争いがあると、その当事者は散在所領のなかで自由に拠点を変えることができた。これに対して、戦国大名は自らの領土を捨てて他国へ逃げることとは、ほとんどできなくなった。「城を枕に討死」の覚悟は、自力で領土を支配することでしか生きていけなかった戦国時代を象徴する概念といえよう。

北条早雲の登場

伊勢新九郎こと北条早雲は幕府奉公衆であったが、姉が駿河守護今川義忠に嫁いだ時に後見人として駿河に下り、今川氏の家臣となる。義忠の死後、今川家に家督争いが起こると子息氏親の側にあって活躍し、興国寺城の城主となる。そして、明応二年（一四九三）に伊勢新九郎は堀越公方足利政知の死後の内紛に乗じて伊豆北部を制圧する。戦国領主化した早雲とその子孫は伊豆を本拠に相模・武蔵に進出して、戦国大名化の道を歩むことになる。明和七年（一四九八）早雲は、堀越公方足利茶々丸を討ち果して伊豆全土を掌握する。

北条早雲

戦国時代へ突入

北条氏はその後大森氏の小田原城を奪い、三浦氏を滅ぼして、相模を制圧する。早雲の後を継いだ氏綱・氏康は関東の内乱を利用して、さらに武蔵・上総・下総に進出し、勢力を拡大していく。危機感を感じた扇ケ谷上杉朝定・山ノ内上杉憲政・古河公方足利晴氏は連合して北条氏の河越城を包囲したが、北条氏康による夜間の奇襲で連合軍は完膚なきまでに撃ち破られる。上杉朝定は討死して、扇ケ谷上杉氏は滅亡、足利晴氏は古河に逃げ帰る。

上杉憲政は越後に逃れ長尾景虎を頼り、景虎は山ノ内上杉家を継承。大軍を率いて関東に出陣、鎌倉に入り、関東管領職の譲りを受ける。

以後、上杉謙信は関東管領として盛んに関東に攻め入り、北条氏や武田氏と激闘を繰り返すことになる。

関東の状況と成氏の怨念

一方、関東の戦国領主の上部には古河公方や関東管領といった上位権力者の政治体制が残存し続け、突出した戦国大名権力を生み出すことはついになかった。いち早く戦国時代を迎えた東国であるのに今日まで必ずしもそう考えられてこなかったのは、そのためである。関東の戦国領主が旧体制に妨げられて伸び悩んでいる間に、関東中央部は上杉・武田・北条という関東の外に成長した戦国大名による三つ巴の争覇の草刈り場となる。

在地の戦国領主は対立・連携を繰り返した末に、この三者の支配・系列化の対象となりやがて併呑される。彼らの独立した本城は次第に大名の支城と化していく。

父を討たれた足利成氏の怨念が関東を未曽有の大乱に巻き込み、かつその底知れぬエネルギーが周囲を圧倒し戦国領主の戦国大名化を阻んだといえなくもない。

玉縄城跡七曲坂武者だまり（鎌倉市玉縄）― 北条早雲が築いたとされる名城　北条一門の猛将北条綱成が城主を務めた

報国寺さくら

戦国時代の終焉

上杉謙信は関東管領として従来の戦国領主の支配を温存しつつ、その上に君臨しようとする。その軍事動員に応じる場合は、個々の独立性を保たせる方式を採用した。上杉謙信が関東で如何に勝利しようとも、自軍の領地としなかったのはそのためである。

上杉・武田・北条の三つ巴の争いは巧みな政治支配の効果もあって、最終的には北条氏が勝利するが、北条も関東一円の制覇を目前にして天正一八年（一五九〇）の豊臣秀吉の小田原攻めで敗北、これをもって関東から始まった日本の戦国時代は閉幕する。

新たに関東を治めることになった徳川家康は、武家の聖地鎌倉を選ぶことなく、その拠点を江戸とした。鎌倉が東国の首都として返り咲くことはなかったのである。

第二部　日本列島の二つの国家

「蒙古襲来絵詞（模本）」（九州大学附属図書館蔵）を改変

はじめに

本州・四国・九州と、東北—西南約千五百キロに及ぶ長大な日本列島は、単一政権の支配は困難であった。関東十ケ国と陸奥・出羽を含む地域は、京都の中央政府から区分され東国国家として形成され、京都を中心とする西国国家と併存し二元的に支配されていた。この東国・西国は、形式的には朝廷（天皇家）によって統括され、その下に実質的に支配を行う二つの政権が並立していた。

鎌倉時代では、西の朝廷と東の鎌倉幕府、南北朝・室町時代には、西の室町幕府と東の鎌倉府が併存し、協同と対立の政治史が繰り返された。この鎌倉幕府・鎌倉府という東国国家の成立と構造、歴史的展開のなかで、この東国国家の首都である鎌倉の中世における歴史的解明・叙述が本書の課題である

第一章　東国首都鎌倉の成立

一　源頼朝はなぜ鎌倉を幕府の首都としたのか

源頼朝は治承四年（一一八〇）に関東を制圧し、鎌倉を本拠地に据えた。この時、なぜ鎌倉が本拠地に選ばれたのであろうか。

頼朝の父義朝は「上総曹司」を称した。上総介の官途に「曹司《そうじ》」（朝廷の北面警護所の長）を加えた呼称である。また義朝は、鎌倉亀谷に屋敷を築いたという。それ以前の源氏三代は源頼義・義家・為義と続くが、頼義・義家父子は前九年・後三年の役という奥羽反乱の制圧に関東の軍勢を率いて活躍し、関東に勢力を拡大した。頼義は、相模守・武蔵守・下野守などを歴任し、義家は河内・相模・武蔵・信濃・出羽・下野・伊予・陸奥など主に東国の国司に補任されている。

頼義は、康平六年（一〇六三）鎌倉の由井郷に京都の石清水八幡宮を勧請した（後の鶴岡八幡宮の起源）。頼朝には鎌倉での記録はないが、兄義平は剛勇の故に「鎌倉悪源太」と称されていた。源氏は、為義・義朝の代には保元の乱・平治の乱で平家に敗れ中央政権内では衰退していったが、関東での支持者は多かったと考えられる。

治承四年（一一八〇）一〇月、平家方との戦いに勝利して鎌倉に入部した頼朝は先代との縁の深い鎌倉を本拠地にし、ここに館を設定しようとした。その時の記録が『吾妻鏡』に次のようにある。

十月七日丙戌　まず鶴岡八幡宮を遥拝し給い、次いで故左典厩（父義朝）の亀谷御旧跡を監臨し給い、即ち当所を転じて御亭を建てられるべきの由、その沙汰ありといえども、地形広きにあらず、また岡崎平四郎義実、彼の没後を訪い奉らんがため、一梵宇（寺）を建つ、よってその儀は停めらると云々。
十二月十二日庚寅　風静まる戌刻、前武衛将軍（頼朝）新造の御亭に御移徙の儀あり。景義（大庭）奉行として去十月に事始めあり、大蔵郷に営作するなり。（以下略）

最初は、鎌倉の亀谷が候補に挙がったが、諸般の事情であきらめざるを得なかった。その結果、大倉郷を館にすることに決定したというのである。

二　鎌倉党の衰退

平安時代後期の相模国鎌倉郡には、鎌倉党という武士団が勢力を張っていた。桓武平氏流の鎌倉権五郎景政を祖とする四代にわたる武士団で、景政の孫の大庭景宗・景親父子は一族が開発した伊勢皇大神宮領の大庭御厨（藤沢市）を支配した。その他、長尾景弘・俣野景久（戸塚区）、懐島景義（茅ヶ崎市）、豊田景俊（平塚市）などの一族は、平氏政権のもとで所領を鎌倉の東西地域に展開した（鎌倉党系図参照）。

治承・寿永内乱で源頼朝が蜂起して関東を制圧する過程で、石橋山合戦で鎌倉党は分裂し、懐島・豊田は

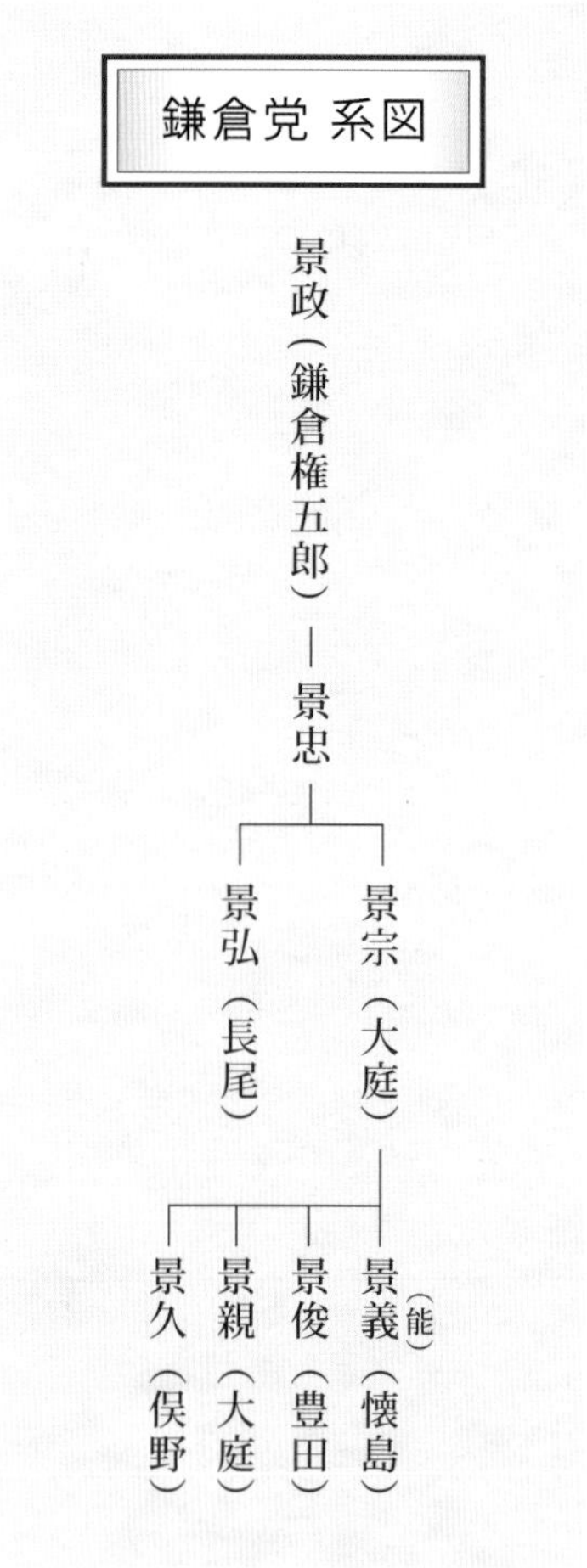

平家方に味方して滅亡し、残った一族も建暦三年（一二一三）の和田氏の乱で滅ぼされた。さらに残った梶原景時も正治二年（一二〇〇）に、結城朝光を讒言で訴えたが多くの御家人たちの反発をかい、将軍源頼家によって滅ぼされてしまった。残るは長尾景弘系ぐらいになってしまった。

この鎌倉党は鎌倉郡司として公領の鎌倉郡の支配を担当し、鎌倉郡衙を拠点にしていたと考えられる。この郡衙の所在地は、発掘調査によって明らかになった鎌倉市立御成小学校の敷地（今小路西遺跡）と考えられる。この土地が鎌倉党の衰亡の後に、幕府有力御家人の安達氏所領になったことは後に述べる。

三　悲劇の源氏三代――頼朝・頼家・実朝――

頼朝の兄弟・子息

平安時代末期の有力武家、源義朝一族は平家との抗争に敗れて滅亡の危機に見舞われた。義朝の子息で頼朝の兄弟姉妹は十人おり、その内の男子は、兄の義平・朝長、弟の義門・希義・範頼・全成・円成（義円）・義経の八人で、同母（熱田大宮司家娘）は義門と希義のみで、他は宮廷女官や遊女などが生母である。

義平・朝長・希義は、平治の乱（平治元年・一一五九）で平氏に滅ぼされ、頼朝のみは、罪一等減ぜられて伊豆に流罪となった。全成は建保七年（一二一九）に駿河で挙兵して北条氏に滅ぼされ、円成はそれ以前の養和元年（一一八一）に平家に滅ぼされている。平家討滅に大功を建てた義経は、頼朝に疎外されて追放され、北陸の安宅の関を通過して少年期に育てられた奥州平泉の藤原氏のもとに身を寄せたが、文治五年

（一一八九）頼朝の命で藤原泰衡に殺害され、泰衡も義経をかくまった罪を問われての奥州攻めで滅ぼされることとなった。

以上のように、これらの源氏一族は悲劇の連続となったが、生を全うし鎌倉幕府を設立した頼朝の最後はどうであったのか、検討してみたい。頼朝は、建久九年（一一九八）一二月に家臣の稲毛重成亡妻のため

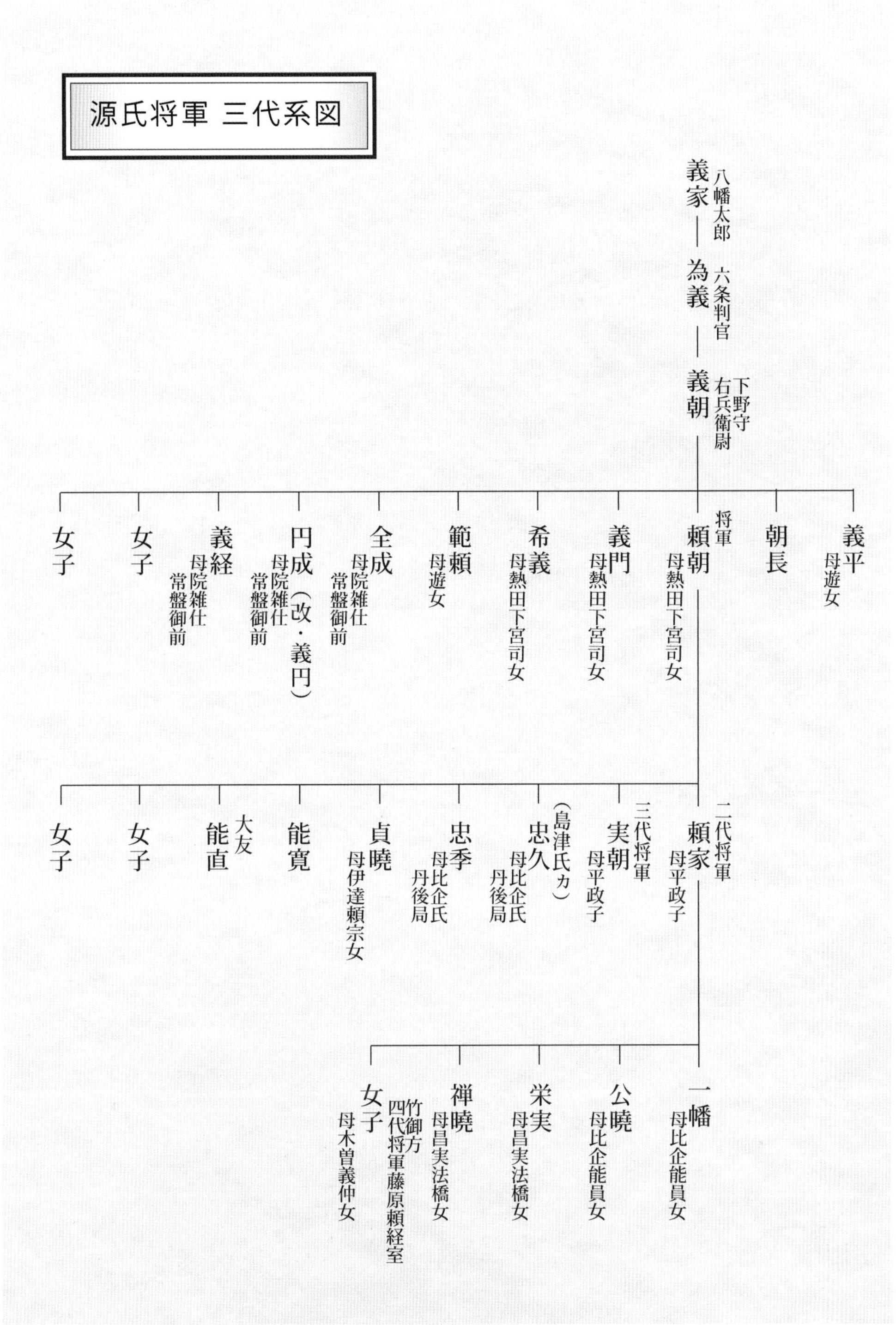

に相模川の橋供養に赴き、その帰途に落馬して翌年の建久一〇年(一一九九)正月に死亡したとされる。

その跡を継いだ二代将軍頼家(母は北条時政の娘政子)は、寿永元年(一一八二)に生まれ、比企尼の娘(河越重頼妻)がその乳母となり、比企尼出身の比企氏(武蔵武士)とともに、伊豆に流罪となった頼朝の生活を支え続けた。比企氏は幕府成立後も幕府の重鎮として活躍し、その一族には安達盛長や河越重頼などがいた。河越氏の娘は源義経に嫁ぎ、安達盛長の娘は源範頼に嫁いだ。

ところが、義経が謀反ということで追放されることになると、この関係にほころびが生じ河越氏は処分された。頼朝が没すると、正治元年(一一九九)に頼家は一八歳で将軍職に就いた。しかし将軍就任後の頼家は健康に優れず、また乳母の実家である比企氏が謀反発覚ということで滅ぼされた。このことなどで、北条政子の命で出家させられ伊豆修善寺に幽閉された後に殺害された。

頼家の後、弟の実朝が将軍職を継いだ。この在職は一五年間続き幕府政治は軌道に乗るかに見えたが、建保七年(一二一九)正月の鶴岡八幡宮拝賀の際に前将軍頼家の遺児公暁に親の敵として階段途中で襲われ殺害された。ここに三代にわたる源氏将軍の悲劇は終末を迎える。

源頼朝

源頼朝最後の謎

源頼朝の最後は前述のように、帰宅途中の落馬とその後の死亡とされているが、そこには謎がある。落馬説は当たっているとしても、それが原因で死亡したのではないという後世の説がある(『室町時代物語大成補遺二』の「頼朝の最後」)。これによると、建久一〇年(一一九九)正月五日に畠山重保が御所の番をしていたところ、女装した人物が外出しようとしていたのでこれを怪しみ刺し殺してしまったら、これが主君の頼朝だったと判明した。この事実を妻政子が秘匿したというのである。

女好きの頼朝は、しばしば密かに夜に女性宅を訪れて通婚することが多く、妻政子はそのことを気にかけて相手女性宅の武士に怒りを発したという記事が『吾妻鏡』に記載されている。

ところが『吾妻鏡』巻十五の記事は、この事件を含む建久七年（一一九六）正月から建久一〇年（一一九九）正月までの四年間が欠巻となっている。これは異例なことで、この事件の公表を秘匿するために、幕府（とりわけ北条政子）が幕府の保存記録を抹消してしまい、これが鎌倉後期『吾妻鏡』の編さん時に史料欠として編さんがなされなかったと考えられる。この欠損理由を問うという観点からその背景の推察が可能である。頼朝の落馬は事実としても死の理由は他にあり、しかし頼朝の名誉のためにも公表が憚られたため、死の原因を落馬の傷害に置き換えてその後の盛大な法要となったのであろう。

四　幕府執権　北条氏の歴代

北条氏は、源氏の鎌倉幕府成立を中軸となって実現し、その後は将軍を補佐する執権の地位を歴代が維持し、京都の院政政権に対抗して鎌倉幕府という東国政権を確立させた。この北条氏については、細川重男編『鎌倉将軍執権連署列伝』（吉川弘文館）に詳しく叙述されている。鎌倉幕府政権において北条氏は執権とそれを補佐する連署の二人が、将軍の発行する文書に名を連ねたことからこの名称がある。

初代執権の北条時政は伊豆に流罪になった源頼朝を支えて娘政子を嫁がせ、平氏政権打倒の治承・寿永内乱に頼朝方の勝利を実現し鎌倉幕府を成立させて執権となった。この地位は、二代義時・三代泰時以下と続く。

その後、鎌倉時代は経過し、一四代に北条高時・一五代金沢貞顕・一六代赤橋守時と鎌倉幕府滅亡期に入る。この時期は執権を引退した高時が北条氏を束ねていたのである。なお、北条氏の家督（惣領）について、「得宗《とくそう》」と称されることになっているが、これは、北条義時の法名「徳宗」の音を継承したものと言われている。

元弘三年（一三三三）五月二二日、新田・足利連合軍の鎌倉侵攻に対して、北条高時は各地で抵抗を試みたが敗北し、最後は鎌倉小町の館で最期を遂げた。ここには、館に接して関東十刹の東勝寺が建立されていた。ここで自殺した一族では二八三人、総勢は八七四人と伝えられている。ここに、約一五〇年間続いた鎌倉幕府は滅亡することとなった。

この北条氏滅亡の場となった小町館に接して、丘陵に大きな横穴（壙）が掘削されている。このような横

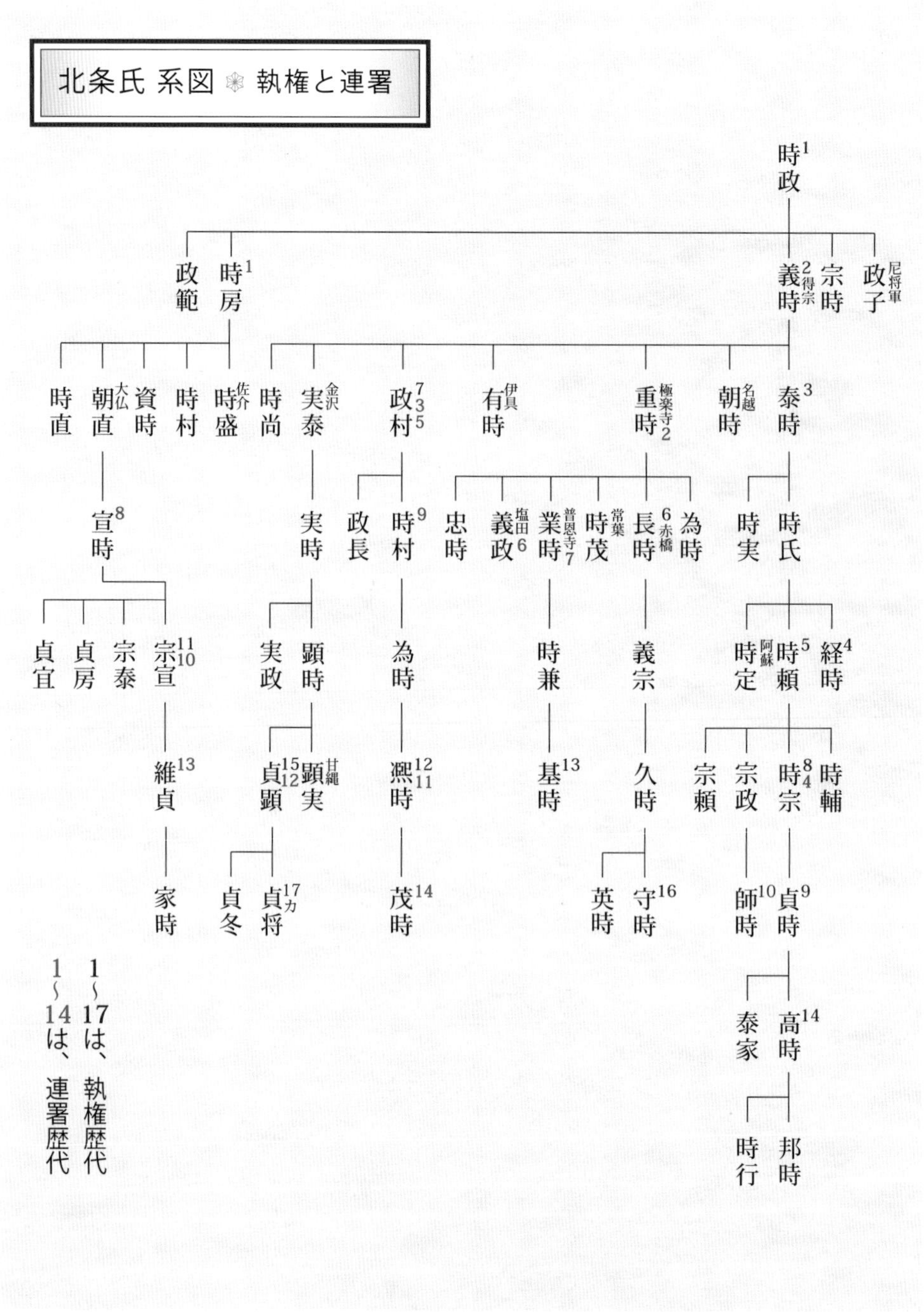

穴は鎌倉では各地に掘られ、食料の保管や猛暑の際の避暑の場に使われたと思われる。この小町館の壕から大量の人骨が発見されて、ここが北条氏一門の自害の場所という説もあり「腹切りやぐら」と通称されているが、むしろ遺体の捨場であったと考えられる。当時は、高僧の遺骨などは別として、武士や庶民の遺体は亡骸《なきがら》として山や海に廃棄された。この小町館の横穴（壕）は、北条氏一門の亡骸の処分場所となったと思われるのである。

この間に起こった大事件（内乱・合戦）を記すと次のようになる。

建仁三年（一二〇三）九月　北条時政・政子、比企能員を討つ（比企氏の乱）。
元久二年（一二〇五）六月　北条時政、畠山重忠を討つ。
建暦三年（一二一三）五月　北条義時、和田義盛を討つ（和田合戦）。
承久三年（一二二一）五月　北条義時、後鳥羽上皇の朝廷を討つ（承久の乱）。
宝治元年（一二四七）六月　北条時頼、三浦泰村を討つ（宝治合戦）。
文永一一年（一二七四）一一月　蒙古襲来（文永の役）。
弘安四年（一二八一）五月～七月　蒙古襲来（弘安の役）。
弘安八年（一二八五）一一月　北条貞時・平頼綱、安達泰盛を討つ（霜月騒動）。
正応六年（一二九三）四月　北条貞時、平頼綱を討つ。
元弘三年（一三三三）五月　新田義貞、北条高時を鎌倉に滅ぼす（元弘の乱）。

このように絶え間ない戦乱が続き、執権北条氏は比企・畠山・和田・三浦・安達氏などそれまで幕府を支えてきた有力武士を次々に滅ぼし権力の保持を図ってきた。このため滅亡した武士の一族では北条氏に対する怨恨の念が高まっていた。また、蒙古との対外戦争における功績に対して、敵の所領を獲得したわけではないので恩賞給付が十分でなく、合戦参加の御家人たちの不満は増大していた。

このような状況の下で、後醍醐天皇による幕府北条氏打倒の路線が明らかになり、その命に応じた新田義貞や足利尊氏によって幕府が打倒されることになる（元弘の乱）。その後、南北朝内乱の過程で足利氏の室町幕府が成立する。

五　宗教都市鎌倉

鶴岡八幡宮寺と二十五坊

鎌倉を首都に定めた源頼朝は由比の地にあった八幡宮を鎌倉の丘陵上の雪ノ下に勧請して広大な八幡宮を建設した。由比ケ浜から北北東に向けた直線の参道である若宮大路（段葛《だんかずら》）を抜けると、西の平家池、東の源氏池の間を通して社殿に達する。この社を頼朝は、「鶴岡八幡今宮《いまみや》・若宮《わかみや》」と称している。若宮の意味は、由比の八幡宮に対する新宮という意である。頼朝は、この八幡宮の別当に伊豆走湯山の専光坊良暹を任命し、その管轄を大庭景義に命じた。後に、この別当は頼朝の従兄弟にあたる近江の園城寺（三井寺）の法眼円暁が任命される。

ここに見られるように、八幡宮の別当は僧侶であり、その祭神は八幡大菩薩という仏である。今日では、明治維新政府の神仏分離令によって、神社と寺院が明確に分離されているが、日本の伝統や前近代の宗教観念は神仏融合であり、神は仏の部分であり、八幡神は八幡大菩薩という仏であった。それゆえ、鶴岡八幡宮は鶴岡八幡宮寺というのが正しいと思う。そして、この八幡宮寺を支え経営する主体として二十五坊（支院）が成立し、その僧侶たちが月行事・年行事という形で、輪番制で八幡宮寺の経営を行うこととなった。

二十五坊は、八幡宮中心部の麓を囲む形で立地し、北谷には、座新坊・智真坊・寂静坊・宝蔵坊・蓮華坊・悉覚坊・南蔵坊・安楽坊・華光坊・実円坊の一〇坊、雪ノ下・東谷には、仏乗坊・別当坊・千南坊・密乗坊・知覚坊・円乗坊の六坊、西石橋には文恵坊・善松坊・林東坊の三坊、西谷・南谷には永厳坊・南禅坊・□□坊（不明）・頓覚坊・静慮坊・慈自坊の六坊、所在不明の乗蓮坊・永乗坊の二坊などから成る（時代による変遷もあり数も多い）。これらの坊に保存されていた文書・記録などから鶴岡八幡宮寺の歴史を垣間見ることができる。

このような高所に鎮座する八幡宮寺本体を城郭とすると、この麓を取り囲む諸坊は、鎌倉武士団の館とともに城下町のたたずまいになっている。まさに「鎌倉城」の景観をなしていると思う。

鎌倉の寺社

源頼朝による鶴岡八幡宮寺の建設に引き続いて、鎌倉・南北朝期における寺社の建設は盛んになっていった。頼朝入部以前の鎌倉には、二階堂に杉本寺があり、この寺は天平六年（七三四）の行基の建立で慈覚大師が中興開山になっている天台宗系の古代寺院である。

源頼朝は鎌倉入部以後に、雪ノ下に勝長寿院（大御堂）を建立し先祖の霊を祀ったがこの寺は後に頼朝の廟所となった。頼朝はまた二階堂に永福寺を建立した。この寺は、奥州攻めの際に現地で目に触れて感銘を深めた毛越寺や中尊寺の形状にならい、征服した木曽義仲・平家一門・奥州藤原氏などの怨霊を鎮魂する目的で建立した。この二つの寺は後に廃寺となった。

山ノ内の東慶寺は北条貞時が開基となり、妻の覚山充道尼（安達義景娘）が開山となって創建された。後に述べる安達氏と関係深い寺院で、今日では縁切寺として有名になっている。

覚園寺は、建保六年（一二一八）に北条義時が大蔵に薬師堂を建立し、これを永仁四年（一二九六）に北条貞時が真言宗寺院とした寺である。

浄光明寺は、開山真阿・開基北条長時で阿弥陀如来を祀る浄土宗系の寺院である。明王院は、将軍藤原頼経が不動明王を祀り、初代別当に元八幡宮寺別当定豪を任命して創建した寺院である。極楽寺は、開山忍性、開基北条重時で、正元元年（一二五九）に建立された真言律宗の寺院である。

鎌倉では、日蓮宗系寺院は多く今日では二八寺を数える。そのうち代表的寺院は、大町（比企ケ谷）にある日蓮宗の本山とされる長興山妙本寺である。鎌倉後期の文応元年（一二六〇）の創建で、開山は日朗、開基は比企能本である。この寺の所在地の比企ケ谷は比企氏滅亡の地でもあり、比企氏を祀る霊場とされた。この寺の祖師堂にある鎌倉時代作とされる日蓮像は、日法作と伝えられる優れた木造で、天下の日蓮像の三優品の一つに数えられている。
　以上、鎌倉における比較的著名な寺院について述べたが、圧倒的に多いのは臨済宗系で真言宗系・日蓮宗系・浄土宗系の順で続き、天台宗や時宗系は少ない。なお中世における寺院の宗派は近世以降の場合のように確定的・絶対的なものでなく大寺になればなるほどさまざまな宗派系の僧侶を抱えて総合的になっている例が多いのである。

五山十刹

　京都の南禅寺・天竜寺などの例にならって鎌倉五山や関東十刹の展開するところとなった。この制度による寺院は南北朝時代、時期による若干の変化はあるが、至徳三年（一三八六）にほぼ確定してその後に伝えられた。それぞれの寺院とその内容（開山・開基・所在など）を示すと次のようになる。

（鎌倉五山）

建長寺	蘭渓道隆	北条時頼	山ノ内	
円覚寺	無学祖元	北条時宗	山ノ内	
寿福寺	明菴栄西	北条政子	扇ケ谷	
浄智寺	兀庵普寧	北条宗政	山ノ内	
	大休正念	北条師時		
浄妙寺	退耕行勇	足利貞氏	浄明寺	

（関東十刹）

禅興寺	蘭渓道隆	北条時宗	山ノ内	（廃寺）
瑞泉寺	夢窓疎石	足利基氏	二階堂	
東勝寺	退耕行勇	北条泰時	小町葛西ケ谷	（廃寺）

浄妙寺

万寿寺　無学祖元　北条貞時　長谷　（廃寺）
大慶寺　大休正念　（不明）　深沢　（廃寺）
興聖寺　夢窓疎石　足利尊氏　（廃寺）
東漸寺　桃渓徳悟　北条宗長　横浜市磯子区杉田
善福寺　大川道通　（不明）　由比　（廃寺）
法泉寺　了堂素安　畠山国清　法泉谷　（廃寺）
長楽寺　栄朝　新田義季　群馬県太田市世良田

十刹では、東漸寺（武蔵）・長楽寺（上野）の二か寺以外の所在地はすべて鎌倉である。五山・十刹の開山は圧倒的に北条氏が多く、足利氏・畠山氏・新田氏などがこれに加わる。なお、これらの寺院の多くは臨済宗系である。

鎌倉の大仏

中世都市鎌倉を代表する歴史遺産建造物に鎌倉大仏がある。今日でも多くの観光客がにぎわう長谷四丁目の高徳院境内にある巨大な金銅仏の阿弥陀如来座像（座高一一・三九メートル）である。この鎌倉大仏については謎が多く完全な解明は、今後に持ち越されている。これまでに多くの鎌倉の解説書に記述されているが、最も適切な解説は、『神奈川県史』（通史編1原始・古代・中世）の第3編2章「鎌倉の繁栄」に三浦勝男氏（鎌倉国宝館）によって記された「大仏建立」の記述であると思う。

この三浦氏の記述を紹介すると次のようになる。奈良東大寺の大仏を念頭に鎌倉幕府の執権北条氏の発願により、勧進聖の浄光によって暦仁元年（一二三八）最初に木像の仏像として建造が開始されて、五年後の寛元元年（一二四三）に完成を見て開眼供養が行われた。直前の仁治三年（一二四二）の秋にこの地を訪れた『東関紀行』の筆者はこの仏像の姿を感動的に語っている。

瑞泉寺紅葉

しかしその九年後の建長四年（一二五二）には、同じ場所での金銅大仏の再建が始まっているが、この完成は不明であるという。

この三浦氏の記述では記されていないが、木造から金銅像への転換が、なぜおこなわれたかについては、多くの論者は、地震や暴風による破壊を想定している。この時期の自然災害の最大のものは、正嘉元年（一二五七）の大地震で、鎌倉の多くの仏閣が倒壊している。大仏の金銅仏への再建はこれ以後のことと考えてよいと思う。

また、現在この鎌倉大仏のある高徳院浄泉寺は浄土宗系の寺院であるが、建立者の浄光は高野山の真言宗系の僧とされている。立地する長谷郷の地は、北条一門の名越《なごえ》氏の本拠であり、その東南に拡がる甘縄郷は安達氏の本拠である。この領主の安達泰盛は北条氏に次ぐ幕府の重鎮であるとともに高野山の僧侶でもあった。このような点から、鎌倉大仏は執権北条氏・名越氏と安達氏の多大の支援のもとに、僧浄光の活動により全国からの勧進によって再建立されたものと考えられる。しかし、安達氏、次いで北条氏の滅亡によって史料が残存せず、鎌倉大仏からも安達氏が忘れ去られたのではないだろうか。今後の課題にしようと思う。

なお、巨大な鎌倉大仏の建造には、大量の銅が必要である。当時これらの原料の銅は銅銭によってまかなわれた。中央に四角の穴のあいた一個一文で通用する銅銭はすべて中国からの渡来銭であった。全国各地の勧進僧や武士によって大仏建立のために集積された大量の銭は、輸送船の船底にいくつもの大桶に入れられて鎌倉の由比湊に運ばれて、大仏建造の現地にもたらされて、溶鉱炉で熔かされて大仏の各部分となった。完成後にこの地を訪れて寄進者は、自分の寄進した銭がこの大仏となった事を実感し、感動して大仏を伏し

鎌倉大仏

拝んでその功徳が自分に及ぶことを願ったであろう。

六　鎌倉の海上・陸上交通

港湾の建設

東国の首都鎌倉では、幕府の展開とともに海上・陸上交通の整備も進展した。海上交通では、港湾の建設が進んでいった。鎌倉の南部に広がる相模湾岸自体が遠浅の海岸で、大型船が寄港する港の形成には不向きであったが、当時の建設技術を活用して港の建設が始まった。

幕府成立とともに、由比ケ浜の港建設が行われた。滑川の河口に大規模な港が建設され、貞応二年（一二二三）の『海道記』には、数百艘の船が縄くさりにつながれて停泊し、西国の大津や大淀の港と同様であったと記されている。

また、貞永元年（一二三二）に材木座の海岸に接する海中に和賀江島が築島され一大船着場となった。この築島建設に当たっては、勧進上人往阿弥陀仏の提案を受けて、北条泰時の命で平頼綱が中心となり多くの御家人たちも協力した（『吾妻鏡』）。この島の建設は、各地から大量の石材が輸送され積み上げられた。この港湾建設によって、その後の鎌倉への大型船の寄港が大いに進展したという。

鎌倉街道の整備

古代から存続していた東海道や鎌倉から北上し丸子・岩槻・古河・小山・宇都宮を経て陸奥に至る「奥大道」（奥州街道）の再整備も行われた。それに加えて鎌倉から北・北東に延びる三つの鎌倉街道（上道《かみつみち》・中道《なかつみち》・下道《しもつみち》）が整備された。上道は、鎌倉の化粧坂・洲崎を発して武蔵府中に抜けて上野国へ向かう幹線道路である。中道は上道と東に併行して鎌倉から北上して、戸塚・二俣川を経てから二筋に分かれ長津田を経てから小野路の手前で上道と合流する道と、東に分かれ荏田を経て府中で上道と合流する道に分かれる。下道は最戸・弘明寺から江戸湾岸にそって東に廻り下総の千葉に至る路である。

とりわけ、上道は、幕府の重要幹線道路として重要視され、幕府によって再建された信濃善光寺へ行く道として活用され善光寺道として親しまれた。この沿道の地名を歌に詠み込んだ『宴曲抄』（正安三年・一三〇一成立）には「善光寺修業」と題して地名を織り込んだ歌曲が成立している。

鎌倉を中心とした陸上・海上交通路（13世紀）

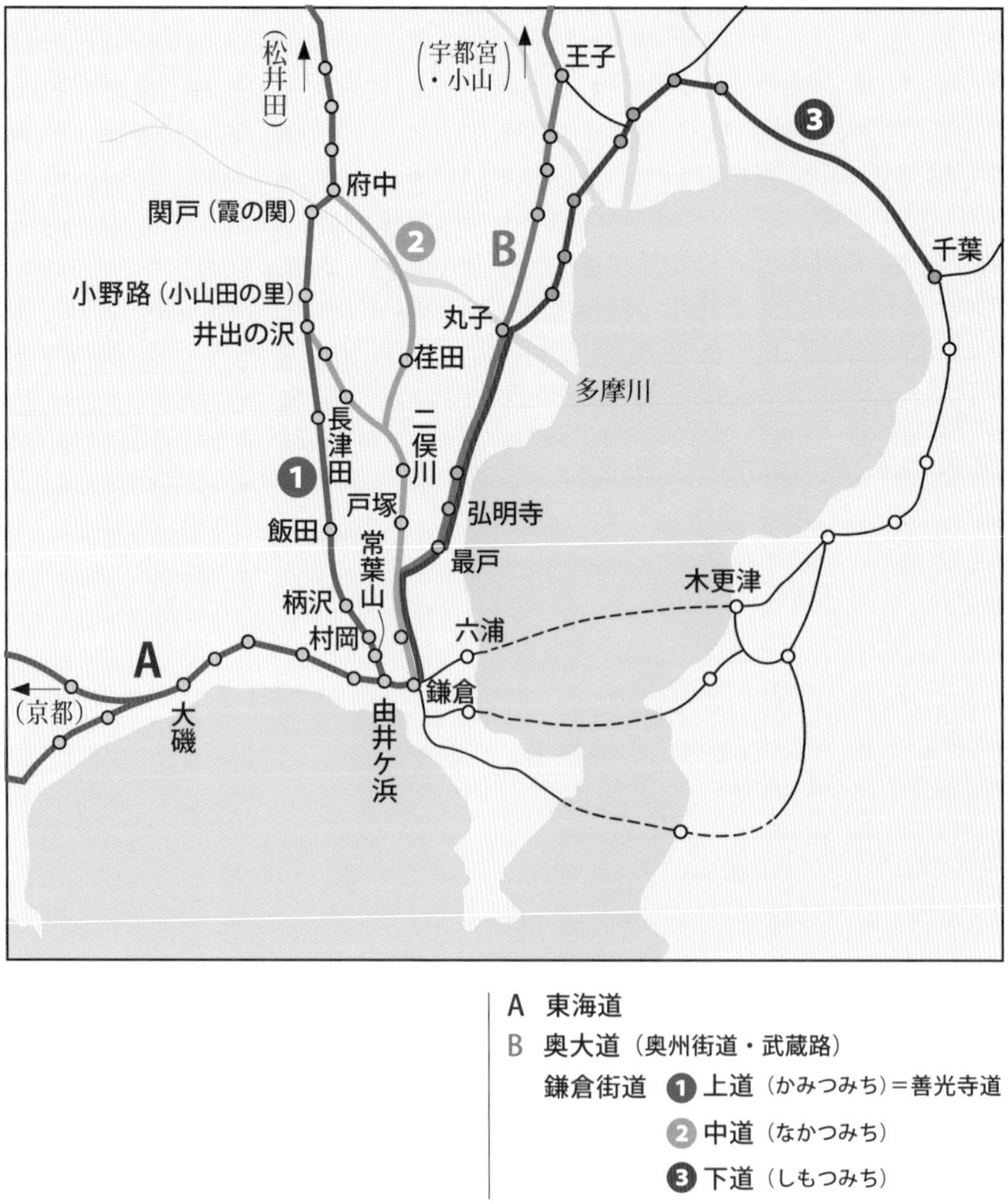

吹送る**由井**の浜風音たてて　頻りによする浦波を　なお顧みる**常葉山**　かはらぬ松の緑の
千年も遠き行末　分すぐる秋の**叢**　**小萱**苅萱露な**がら**　**沢**辺の道を朝立て　袖うちはらふ唐衣
きつつ慣にしといひし人の　干**飯た**うべし古も　かかりし**井出の沢**へかとよ　**小山田の里**に来にけらし
過来方を隔つれば　**霞の関**といまぞしる　（前後略）

赤字で記したような上道の地名を歌に詠みこんで、武蔵・上野を経て信濃善光寺に至るのである。この歌は、完全な地名表記以外に、叢《くさむら》の「むら」と小萱《おかや》の「おか」を併せて村岡の地名を想像させ、干飯（乾燥した米飯）を食べたという字句から「飯田」を当てさせるなどのユニークな冗句が垣間見られる。この歌は信濃善光寺へ赴く人たちの旅宿での宴席で好んでよく歌われたものであろう。なお、この鎌倉街道上道は、新田義貞の鎌倉攻めの道でもあったのである。

上：今小路西遺跡出土常滑大甕　復元
下：同　出土状況　（鎌倉市教育委員会蔵）

このような鎌倉を中心とする道路では、農民や商工業者の道路輸送や武士の移動や合戦のための馬の活用が、今日の自動車のように頻繁に見られたのである。

以上のように、海上・陸上交通の発達によって、前述の銭貨以外に全国から大量の物資の流入が盛んになった。とりわけ、渥美・常滑・瀬戸・備前など全国各地の生産地からの陶磁器（甕・壺・鉢など）が鎌倉にもたらされた結果、鎌倉遺跡群から多くの遺物の発掘がなされて中世物流史研究の上で注目されている（浅野晴樹『中世考古〈やきもの〉ガイドブック』）。

稲村ケ崎・朝比奈の切通

先に記した鎌倉をめぐる主要交通路のほかに、切通《きりどおし》と称される、土木工事によって土地を刻んで造った道路もあった。鎌倉で有名なのは、西の稲村ケ崎と東の朝比奈の切通である。稲村ケ崎は海岸の崖面を満潮の高さを考慮してU字状に細道を造ったものであり、朝比奈の切通は鎌倉から東の東京湾岸の金沢に抜ける山中の難所を掘削して造成した道路である。いずれも鎌倉時代に造成されたものと考えられる。

稲村ケ崎では、元弘三年（一三三三）五月（旧暦）に侵攻する新田義貞軍に対して幕府は道路に防護柵を築き、海上には船を浮かべて横矢を射懸けられるように防備を固めていた。大引潮の日に敵船が約一〇〇メートル先まで流されて、新田軍は潮の引いた岸辺の海を突破して鎌倉に攻め込み鎌倉幕府を滅亡させた。『太平記』では、義貞が海上に向けて祈祷したら波が引けて、攻撃軍が勝利の確信を得たと記しているが、実は義貞は御家人として鎌倉に勤務していた折に一年に一度というこの大引潮の日を知っていて、味方を鼓舞するためにこれを活用したのであろう。

朝比奈の切通は険しいいくつかの山道の難所を箱型に掘削して車や馬が通れるようにしたもので、ここを通過した人々の記録が残されている。

この二つの道は、鎌倉に出入りする人々にとっての便利な近道として珍重されていたのである。鎌倉を題材にした戦前の文部省唱歌「鎌倉」（芳賀矢一作詞）（一番～八番）では、トップに「七里ケ浜の磯伝い　稲村ケ崎名将の　剣投ぜし古戦場」と新田義貞の稲村ケ崎の突破が歌われている。これに、長谷の大仏、鶴岡八幡宮、若宮・鎌倉宮、建長寺・円覚寺などの歌詞が続く（長田暁二編『日本抒情歌全集』1他）

第二章　執権北条氏と並び立つ最後の御家人安達氏

一　鎌倉における安達氏の屋敷を読み解く

鎌倉幕府御家人の館

鎌倉幕府成立以来、雪ノ下の鶴岡八幡宮寺を中心に、東に接して幕府政庁の大蔵幕府、南に接して政所・公文所・問注所などの諸役所がおかれ、それらを大きく囲む形で、北条氏・三浦氏・畠山氏などの有力御家人の館や有力寺院の配置がみられる。このようにして、鎌倉のなかに多く

「蒙古襲来絵詞・上巻（模本）」（九州大学附属図書館蔵）を改変

の屋敷や寺が林立することになった。

鎌倉時代末期に『鎌倉遺文』の譲状などに記載された中小御家人たちの館には、西御門（工藤貞行）、甘縄北斗堂（高麗忠綱）、甘縄魚町（朽木顕盛）、名越三王堂（豊後詫磨氏）、山内庄舞岡（南条氏）、由井（長井長家）、鎌倉某所（相良頼俊）などがある。

鎌倉時代後期の遺構配置概念図

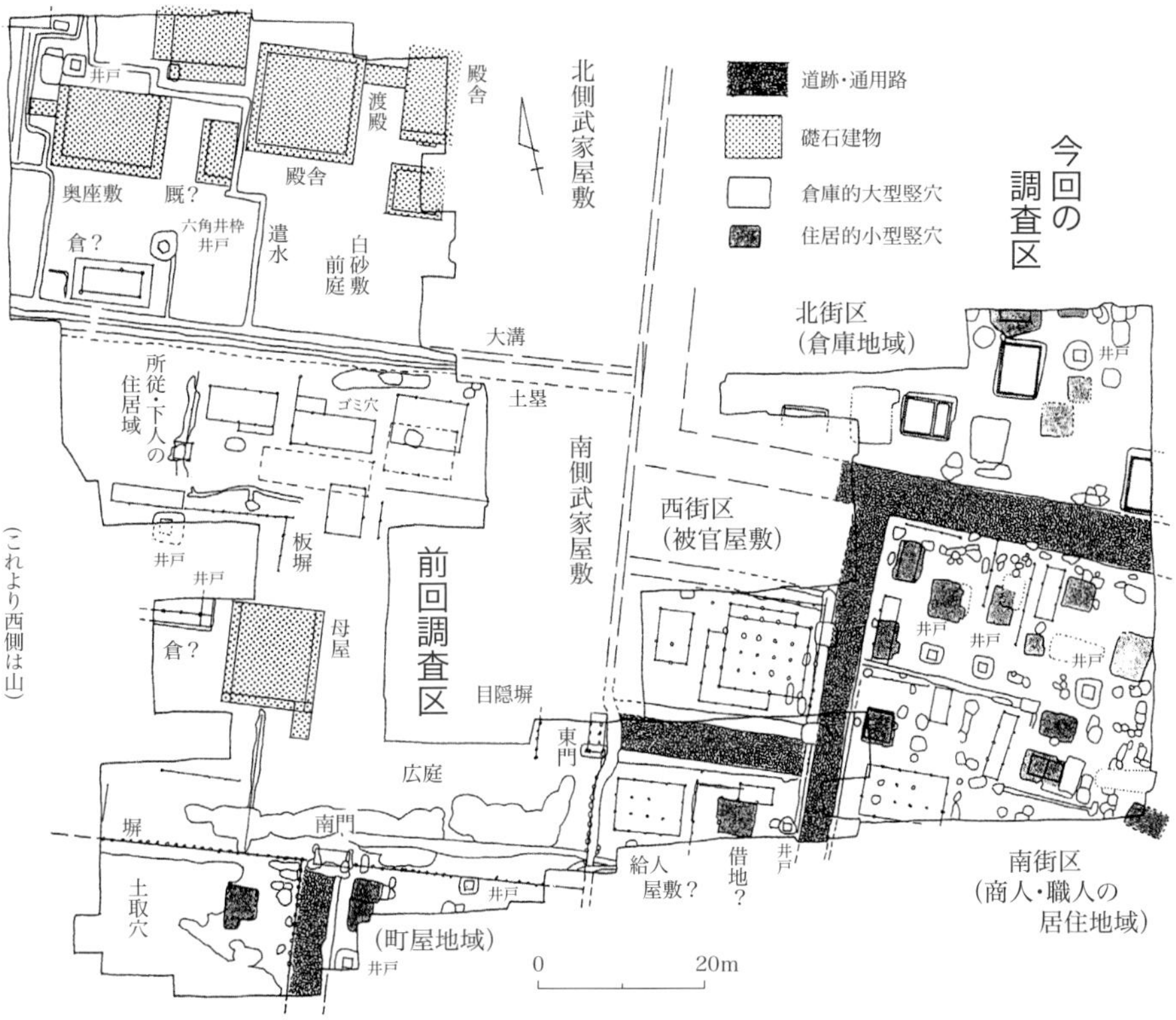

『神奈川県鎌倉市今小路西遺跡（御成小学校内）第五次発掘調査概報』鎌倉市教育委員会 ,1993 年

今小路西遺跡

鎌倉時代に幕府の要人として、執権北条氏に次ぐ勢力を有した上野守護の安達氏の館と寺院について史料によって考察してみようと思う。この安達氏の鎌倉幕府における位置については、弘安七年（一二八四）の時点で評定衆一六人中で北条氏の五人に次いで六位に安達泰盛《やすもり》、一三位に

子息の安達宗景が記され、引付衆に一族の安達長景・同時景が記されている。また、引付頭五人中に安達宗盛が記され、五月に弟の宗景に交代したとある。このように鎌倉幕府内で勢力を持った安達氏の鎌倉における屋敷が従来から知られている甘縄だけで良いのかという疑問は前々から持っていた。

ところが、二〇世紀末から二一世紀初頭にかけて鎌倉市立御成小学校の再建問題に絡んで、校舎敷地の大々的な発掘調査が行われて推定鎌倉郡衙や武家屋敷の発掘が行われ、この遺跡名称が今小路西遺跡とされた。しかし、貴重な多くの遺物が出土し、武家屋敷の全容がほぼ明らかにされたにもかかわらず、この武家屋敷が誰のものかが解明されないまま時間が経過した。

また、この遺跡の北の部分から出土した陶磁器などとともに墨書木札（「番文」）が出土していた。なお、この遺跡に関しては思い出が深い。貴重な遺跡・遺物が出現するに及び、この遺跡の保存運動が研究者・市民の間から起きた。当時私は文化庁の調査専門委員をやっていたので、市長・助役の方々と折衝を行い、当時生徒数が少なくなっていた御成小学校を他地域の小学校と合併し、遺跡を保存する案で交渉した。ところが鎌倉市の主だった方々は、名門校御成小学校の卒業生で、この学校がなくなることに強い反発があった。そこで学校の再建と遺跡の保存を相兼ねて、遺跡の少ないところを選び、下に鉄板を敷き二階建ての学年棟を分散して建てて渡り廊下でつなぐという日本建築学会案で決着した。

墨書木札「番文」の解読

今小路西遺跡の北に接する遺跡から貴重な遺物が出土している。縦一五・二cm、横四〇・八cmの板に記された文永二年（一二六五）五月の「番文」（当番表）ともいわれる資料である。文字がかなり薄れてその解読は困難で、既に幾人かの方々の異なる解読案が示されているが、ここに私案を示しておく。

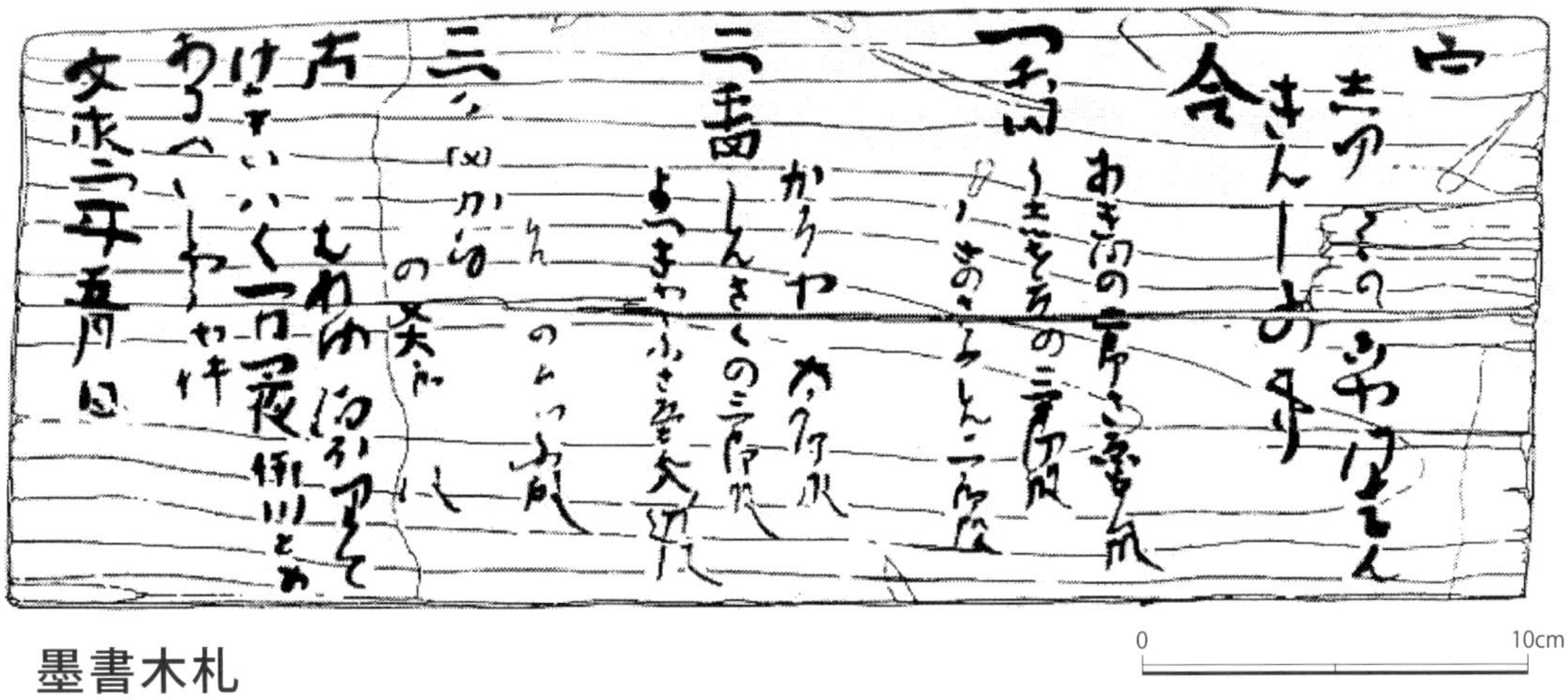

墨書木札

松吉大樹「無量寺谷安達氏邸と持仏堂」（高橋慎一朗編『鎌倉の歴史ー谷戸めぐりのススメー』高志書院、2017 年）

定
しゆこ《守護》のこや《小屋》門はん《番》　きんし《勤仕》候の事
一番　あきま《秋間》の二郎さゑ《左衛》門殿
うしをた《潮田》の三郎殿
□□《佐々木》きのさゑもん《左衛門》二郎殿
二番　かたや《片山》□《力》太郎殿
しんさく《新作》の三郎殿
きへ《木部》きやうふさゑもん《刑部左衛門》入道殿
三番　みわ《三輪》のたいふ《大夫》殿
かせ《加世》□入道殿
□《おカ》の又太郎□□《小野》殿
右、番のむね《旨》をまほり《守》てけたい《懈怠》なく、一日一夜御つと《勤》めあるへきしやう《状》如件、
文永二年五月　日

冒頭のタイトルの部分は、一般には「しゆくのこやの門番」（宿の小屋の門番）とされていたが、これを「しゆこのこや」（守護の小屋）と是正し、それを三番に分かれた人々が守護すべき無量寿院境内に建てられた法要のための仮設建物（「聴聞小屋」）とした。

ここに書きだされた九名の人名については、次のように考える。元久二年（一二〇五）畠山重忠の乱の際、北条時政に味方して安達景盛の家臣として戦った人物に秋

間太郎（上野国碓井郡秋間郷）・加世次郎（武蔵国橘樹郡加瀬郷）がおり（『吾妻鏡』）、また片山は上野国多胡郡片山郷（吉井町）、木部は同国緑野郡木部郷（高崎市）の武士で守護安達氏の傘下の武士と考えられる。不明の人物もいるが、この番文は安達氏の家臣達を編成したものであることは明らかである。

この番文が、何のために作成されたかというと、文永二年（一二六五）六月一日〜三日に安達義景（泰盛父）の十三回忌法要が菩提寺の鎌倉無量寿院（無量寺）で行われた際の安達氏家臣の警備編成のものと考えられる。この法要の記録は『吾妻鏡』に次のようにある。

> 三日己巳、日中夕立、故秋田城介義景十三年の仏事也。無量寿院において朔日より今日に至り、或は十種供養、或は一切経供養也。而して今正日供養を迎え多宝塔一基、導師若宮別当僧正隆弁、布施被物拾重、太刀一、南廷五、砂金卅両、銭百貫文、伊勢入道行願。武藤少卿入道心蓮・信濃判官入道行一以下数輩、結縁として其場に詣でる。説法最中降雨車軸の如し。時に山上構う所の聴聞仮屋顚倒し、諸人希有にて逃去る。其中男女二人、山嶺より道の北に落ち、半死半生と云々。

かなり盛大な法要で、若宮別当隆弁が導師となり、伊勢入道行願（二階堂行綱）・武藤少卿入道心蓮（景頼）・信濃判官入道行一（二階堂行忠）の三人の縁者など多数が参列した。しかしその最終日に豪雨が襲い（台風がらみか）、会場の「聴聞仮屋」が倒壊して参列者が会場から逃げ出す騒ぎとなり、その中の男女二人が道に転落して重傷を負ったとある。二〇年後の安達氏の滅亡を暗示するかのような出来事であった。

前記の番文は、この安達義景十三回忌法要の際の会場となった無量寿院に設置された「小屋」（聴聞仮屋）の門番に関するもので、それを安達氏家臣九名が三番に分かれて担当したというものである。この門は、今小路から西の無量寺に入る地点、今小路西遺跡に近い北の部分に建てられたと推定される。

二 『蒙古襲来絵詞』に見る安達泰盛館

『蒙古襲来絵詞《えことば》』（『絵詞』と略記）は、肥後国御家人竹崎季長《すえなが》が文永・弘安両度の蒙古合戦における自己の奮戦姿を絵師に描かせ、子孫に遺したものとしてよく知られている。また巻末に記載された永仁元年（一二九三）二月の年紀から、この『絵詞』が弘安八年（一二八五）の霜月の乱で悲運に倒れた安達泰盛・盛宗父子と九州の現地指揮官武藤景資らの慰霊・鎮魂のために作成され、肥後国の甲佐大明神に奉納されたものという説が提出されている。とりわけ安達泰盛は、この『絵詞』のなかでは季長が鎌倉に上り甘縄の泰盛館において面会して、文永合戦の戦功を訴えて恩賞を与えられた恩人として特筆されているからである。この原本は宮内庁三の丸尚蔵館に所蔵されている。甲佐大明神の社家の子孫から近代にいたって皇室に寄贈されたものである。

安達氏は、小野田藤九郎盛長が伊豆の蜂起以来源頼朝の近臣として活躍し、その功績で上野国の守護や陸奥の安達郡を与えられた。それ以来、安達氏を称し、また「秋田城介」の官職を与えられたことから「城介」とか「城」を称している。そして、景盛・義景・泰盛と四代にわたって鎌倉幕府の有力御家人として繁栄を遂げた。その所領は、上野国玉村御厨（玉村町）、武蔵国得恒郷・船木田荘（日野市・八王子市・多摩市）を中心に拡大していった。安達氏は、梶原・比企・畠山・和田・横山・三浦などの各氏が北条氏との権力抗争に敗れて姿を消す中で、北条氏に密着して繁栄を遂げていった。安達泰盛は執権・得宗の北条時宗の祖母と妻が安達氏の娘であるという二重の姻戚関係で結ばれ、蒙古襲来当時は御家人の筆頭、幕府の宿老、上野国守護として権力を振い、蒙古合戦では武士たちを軍事的に統率する恩賞奉行の任にあった。それ故、竹崎季長は、文永合戦の恩賞が与えられなかった不満を述べに鎌倉甘縄の安達館に赴いたのである。

以上の点を念頭に置き、「絵詞」の中から竹崎季長と安達泰盛・一族・家臣の登場する三場面を提示して、その読み解きを行いたいと思う。

第一場面

竹崎季長が鎌倉甘縄の安達泰盛館を訪れ、文永合戦の恩賞下付を訴える場面である。ここでは、右上から左下への約四五度の線（堀・築地塀・垣根など）で区切られた**A**〜**D**の四つの情景で構成される。

Aは、館に着いた季長（右）と中間（召使）の弥次郎（左）が、館の前で馬から降りたところである。その左手に館の堀があり、堀の側面は板で土留され、木橋が架けられている。

Bは、門前に三人の人物が描かれている。ここは築地塀に囲まれて門が開いており、大刀を左脇に抱え土下座して挨拶しているのが季長である。同じく座して挨拶を受けている二人の人物は安達氏家臣と想定され、一人は浅黄色の着物（直垂）で大刀を左手に立てて持ち、右手は烏帽子に手をやり、客人に親愛の表情を示しているかのようである。もう一人の人物は黒の着物で季長の方を向いている。

Cは、館の中の部屋とその前庭の情景である。部屋には武士姿の三人と僧形の一人が座っており、右の三人は談笑し、左の柱にもたれたもう一人の人物は縁先の黒い着物の人物から話しかけられている。この部屋は、「秋田城介殿侍、諸人出仕躰」と記され安達館における「侍《さむらい》」、すなわち家臣の詰所なのである。「侍」とはこのような場所を意味する言葉であったが、転じてここに詰めて主君の警護や用務を行う人が侍といわれるようになったのである。

なお左の柱にもたれた人物は、「あしなのはんくわん」（葦名判官）と記され、三浦一族で陸奥南部に本拠を持ち三浦氏滅亡後に安達氏に仕えていた武士である。この人物に庭から話しかけているのは、**B**で門前に季長を迎えた安達氏家臣で、季長の訪問を葦名判官に伝えて主君安達泰盛への取次を依頼している。腰には危急の際に吹きならす法螺貝《ほらがい》をぶら下げている飄々とした人物のようである。

また、庭には他に四人の人物がおり、右の二人は館の警護人と考えられる。左の二人のうちの一人は大刀を杖に疲れていて居眠りをしている。これは、案内役の一人であろう。もう一人は正

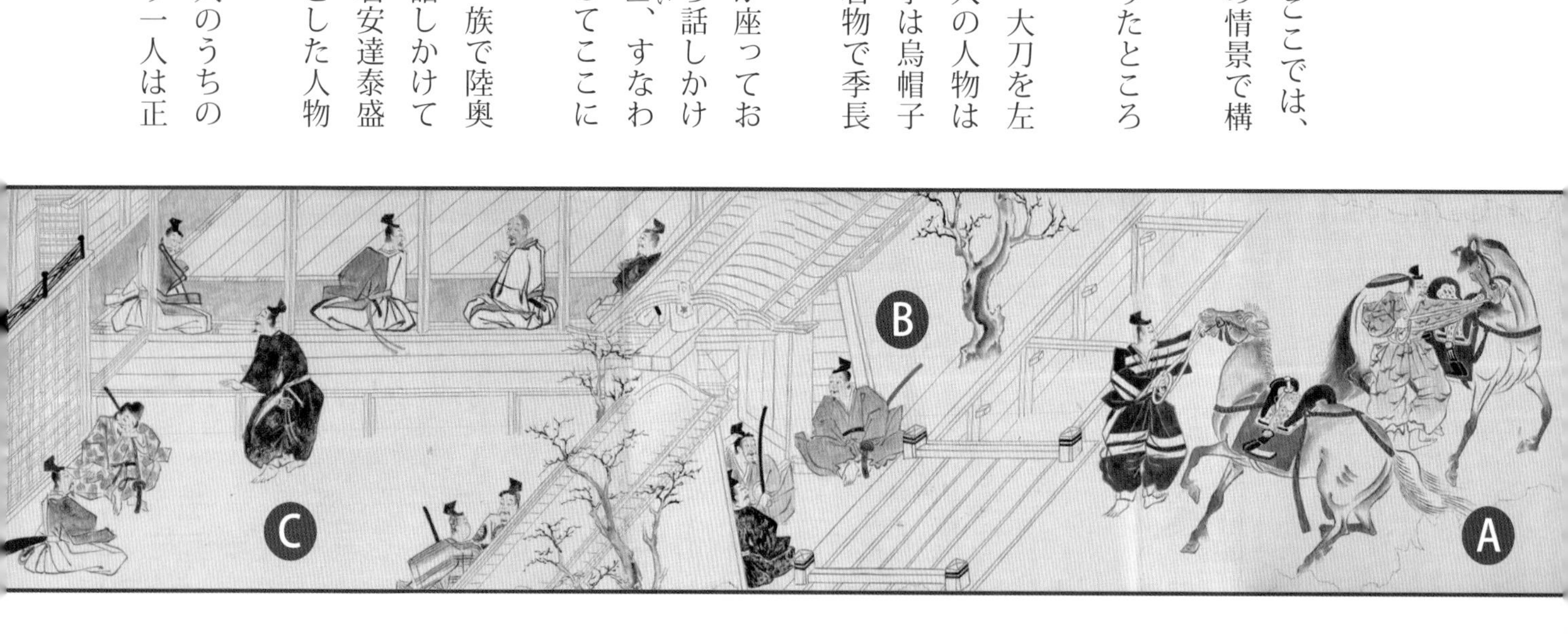

座して何やら待っているようである。
　Dは泰盛の居室（客間）で、畳の上に座った泰盛が板の間に座っている季長に対面している。そこにはおのずと上下の区別が表現されている。季長は必死に訴えている場面である。泰盛には「秋田城介泰盛」と官職名が記され、季長には「肥後国竹崎五郎兵衛尉季長」とフルネームが記されている。

　その後ろに、三人の人物が畳に座っている。一番右の人物はふっくらと若々しい顔で、衣服の模様が三鱗、これは何者か。この人物の右上の紙は破れていて記名はない。

　絵巻物の描写には、同一画面の中で時間の経過を示す動画の技法が使われている。見る人には、次々に移動していく人物を追っていく謎解きの楽しさがある。この「絵詞」の甘縄館の部分では一つの図のなかに、異なった時間序列の人や事物を描き、その動きを追うという「異時同図法」という動画の手法が使われている。

　この「絵詞」の場合は、四コマに区切られた空間ごとに人物や背景の描写がなされ、それぞれのコマを追うことによって人の動きがわかるように工夫された「分割異時同図法」というべき手法が使われている。すなわち、四コマまんがを一つの絵で示したものなのである。それによって安達泰盛館という建物構造のなかが、竹崎季長の動きを追う形で一つの屋敷図として描かれているのである。

　以上のことを前提にして、再び「絵詞」を眺めてみよう。**A**で馬を下りた季長は次の場面ではどこに描かれ、**D**の泰盛との対面に至ったのであろうか。

　Bでは刀を脇に挨拶をする人物が季長である。ここで季長を出迎えた二人の泰盛家臣は、次にどこに移るのであろうか。

　縁先で腰を少しかがめて安達氏家臣の葦名判官に話しかける黒い着物の人物は、**D**では季長の後ろの中央の人物となる。この人物は何者であろうか。絵を説明する詞書によると、季長の安達

第一場面▶

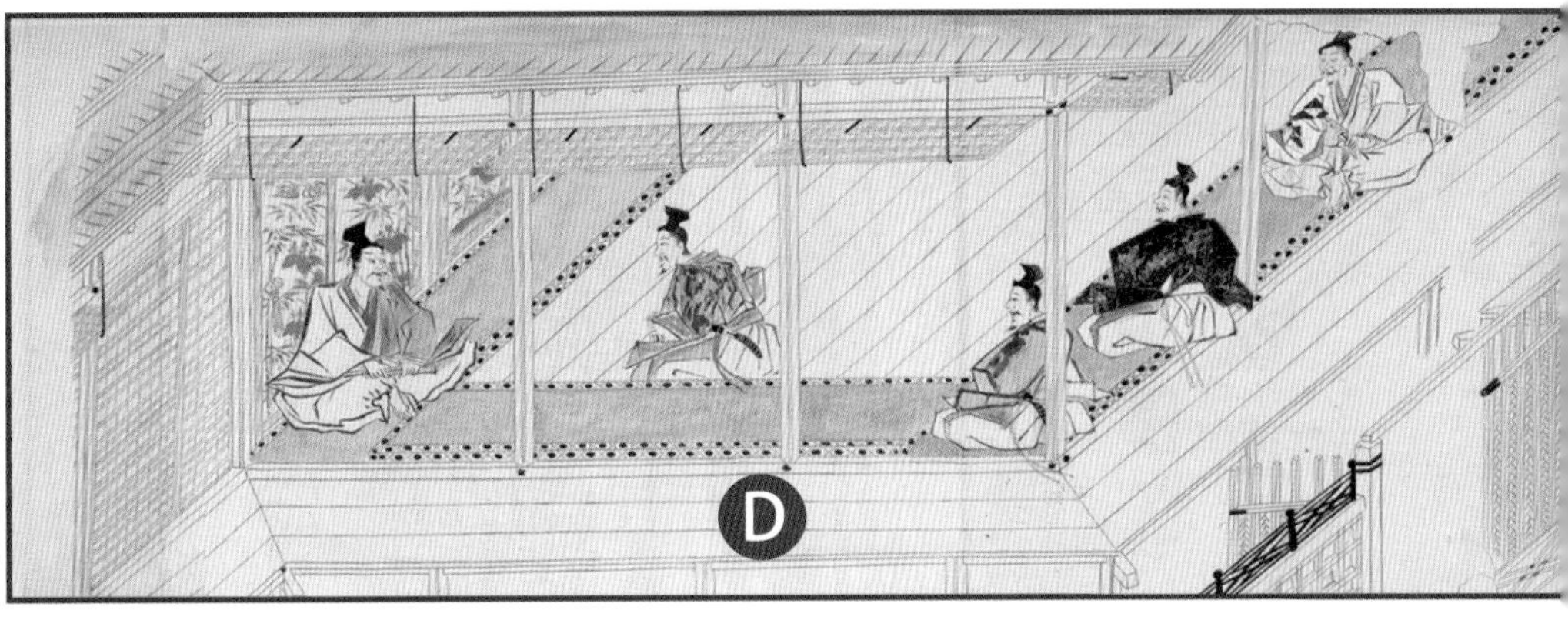

「蒙古襲来絵詞・上巻（模本）」（九州大学附属図書館蔵）を改変

館訪問の際、季長と言葉を交わした人物に同じ九州の肥後国御家人中野藤次郎が「小切者」（少し機転の利く人物）として記されている。また、泰盛との仲を取り持ち、対面と恩賞に尽力した人物として玉村馬太郎泰清がいる。つまり**B**で玉村は中野と共に季長を門に出迎え**C**では来訪のことを葦名を介して泰盛に伝え、**D**の対面の場面では玉村は季長の後ろに控えているのである。玉村は、上野守護安達泰盛が上野支配の拠点とした伊勢皇大神宮寮玉村御厨を名字の地としている安達氏の有力家臣として、その活躍が見られる。

一方、玉村より地位が低く、**B**で季長に親愛のしぐさを示した中野は**C**ではもう役割が終わったと居眠りをしている。その前で季長は正座し待機している。

Dの対面の場面に控えているいちばん右の白地に三鱗の着物の人物は気になる。三鱗は北条氏の家紋であるから、北条一門と考えてよい。泰盛と密接な関係を持つ北条一門人物としては、『吾妻鏡』を協力して編さんしたのではないかと名指しされている金沢顕時がいる。顕時は安達氏と婚姻関係（泰盛の娘婿）にあり、安達屋敷に居ても不思議はない。顕時は、安達一族が弘安八年（一二八五）の霜月合戦で滅亡した際、泰盛に味方したという嫌疑で上総に流罪にされたが後に許されて復活している。

第二場面

季長の上訴が成就して、恩賞として所領（肥後国海東荘）が与えられ季長が安達館を去る時、泰盛から餞別に馬が与えられる。座敷に泰盛、縁側に「やすもりしゃていしやうの九らうはんがん」（泰盛舎弟城九郎判官・長景）が見ている。馬を引いてきた人物には「左枝五郎」と記され、詞書には厩の別当と記されている。この左枝は、玉村御厨内の「さえだ」郷を名字の地とする安達氏家臣である。この郷は一五世紀の文書では「佐谷田」と記され、現在の高崎市下斉田に比定される。

◀第二場面

「蒙古襲来絵詞・下巻（模本）」（九州大学附属図書館蔵）を改変

第三場面

九州において、弘安合戦で手柄を立てた季長は武装して従者を連れ、「すえなかふんとりくひ」（季長分捕首）を大将の「肥後国時之守護人城次郎盛宗」（泰盛子息）に提出して戦功を記録してもらっている。盛宗の前には記録係の「執筆」がおり、右側に季長の手柄を証言する三人の人物が控えている。このうちの二人は、詞書によれば豊後国御家人橋詰兵衛次郎と上野国の玉村三郎盛清である。ここにも安達氏家人玉村一族が見られる。先の玉村泰清とこの盛清は、共に泰盛の一字「泰」と「盛」を拝領していることがわかる。なお、季長の従者は黒字に二本の白線がある着物のデザインから先に安達館を訪れた際に随行した中間弥次郎であろう。

以上、この絵詞は中世武士の館、安達氏の家臣団構造を考える優れた資料である。なお、この安達氏の本拠である甘縄館跡は、長谷にある甘縄神明神社の南北の参道に面した東側に比定され、館跡の南には長谷小路が東西に走っている。現在その館跡の神社参道を挟んだ西側には長谷公会堂・川端康成記念館が並んでいる。

上：甘縄神明神社（甘縄神明宮）
下：安達盛長邸址石碑
（上下とも撮影／犬懸坂祇園）

第三場面▶

絵の中央左に首が置かれている

「蒙古襲来絵詞・下巻（模本）」（九州大学附属図書館蔵）を改変

三 霜月の乱と安達氏の屋敷

安達氏は源頼朝を支えて鎌倉幕府を成立させて以来、盛長・景盛・義景・泰盛と四代にわたり、執権北条氏と密接な関係を結んで鎌倉政権の推進役を果たしてきた。安達氏と北条氏の系図を重ねてみると景盛の娘（松下禅尼）の北条時氏との婚姻をはじめとして、両氏相互の婚姻関係が七組も結ばれて密接な関係にあることが分かる（関係系図参照）。幕府の有力御家人たちが北条氏との確執で滅亡して行く中で、鎌倉後期までその友好関係は持ち越されていったのである。

やがて、文永一一年（一二七四）と弘安四年（一二八一）の二度にわたる蒙古襲来（文永・弘安の役）の国家的危機において、安達氏は奮闘して幕府の危機を乗り切りその勢力を拡大した。

北条氏と安達氏 関係系図

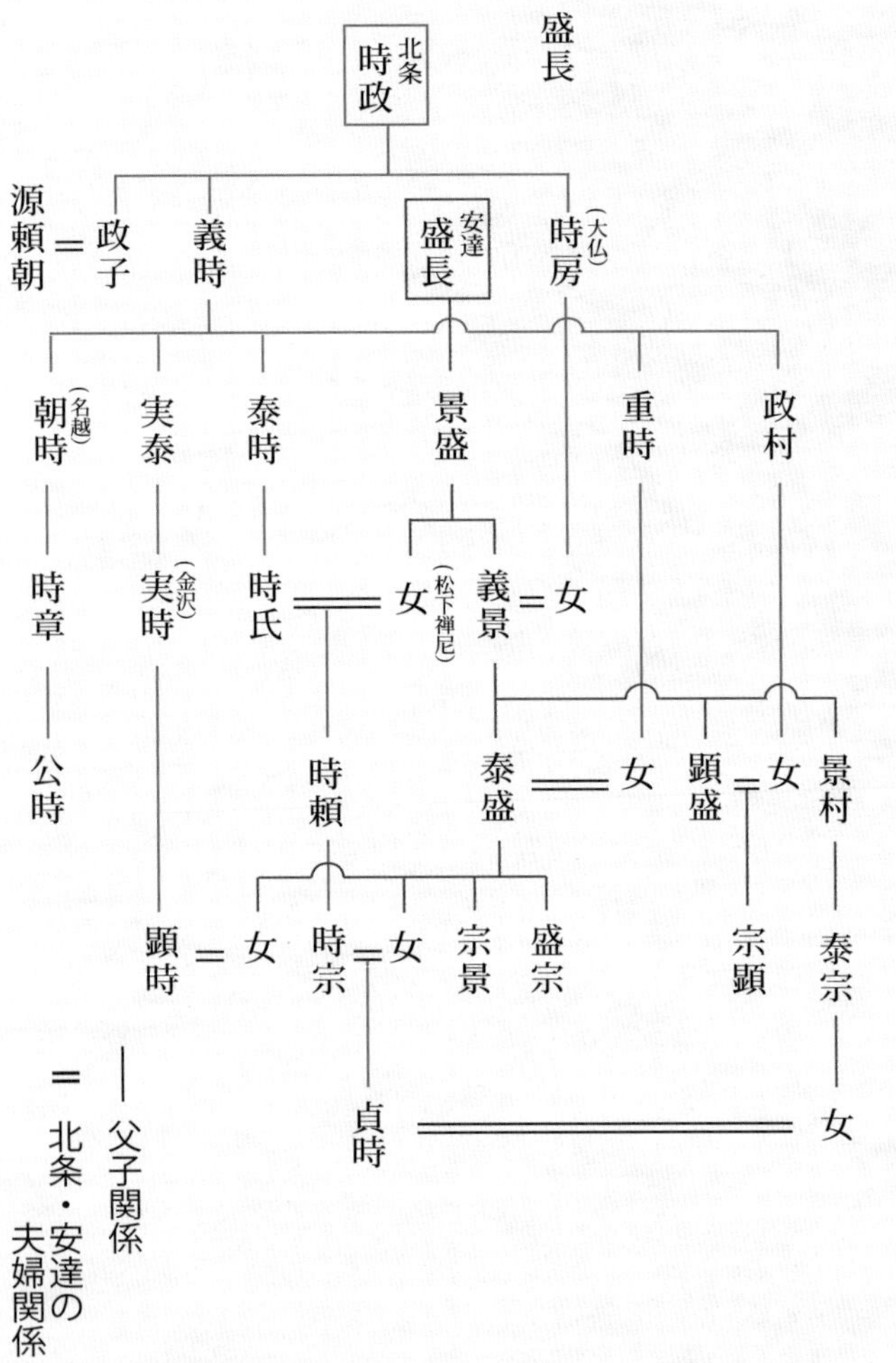

「蒙古襲来絵詞・下巻（模本）」（九州大学附属図書館蔵）を改変

【霜月の乱討死者名】

前陸奥入道（覚真・安達景盛）
前美濃入道（海智・安達長景）
城太郎左衛門尉（安達宗顕・遠江で自害）
城左衛門太郎
城七郎兵衛尉
武藤少卿左衛門尉（武蔵で自害）
前上総守（大曽根宗長）
伴野出羽守（長泰）
同彦二郎（信濃で自害）
田中筑後五郎左衛門尉
殖田又太郎入道（大江泰広）
三科蔵人
筑後伊賀四郎左衛門尉（伊賀景家）
葦名四郎左衛門尉
足立太郎左衛門尉（直元）
対馬前司（三浦頼連カ）
加賀太郎左衛門尉
綱島二郎入道
行方少二郎
三浦対馬守（頼連カ）
武田小河原四郎
秋山人々

秋田城介（安達宗景）
城大夫判官入道（秋田智玄・安達時景）
城五郎左衛門入道（安達重景・常陸で自害）
城左衛門次郎
城三郎二郎（大室義宗カ）
同大宰少弐（武藤景泰）
大曽根弥太郎左衛門入道
伴野三郎
上総三郎右衛門尉（吉良満氏）
田中筑後四郎（知泰カ）
小早河三郎左衛門尉
和泉六郎左衛門尉（天野景村）
同子息
同六郎
伊藤太郎左衛門尉
隠岐入道（道顕・二階堂行景）
同六郎
池上藤内左衛門尉
南部孫二郎
鎌田弥藤二左衛門尉
鳴海三郎

（末尾に次の注記がある）
◦□其人を始めとして、五百人或は自害
◦此外、武蔵・上野御家人等自害は注進及ばず
　先ずもって承り及びこれを注す
　同十二月二日到来（弘安八年）
◦越後守殿（金沢顕時）召籠めらる。宇治宮（都）（景綱）、対馬入道子ヨセテ（寄手）

その勢力の拡大に危機感を抱いた執権北条貞時と内管領平頼綱（平禅門）によって、弘安八年（一二八五）一一月に安達一族が滅亡に追い込まれることになった（霜月の乱）。

この霜月の乱に関する資料は①『保暦間記』、②『武家年代記裏書』、③『鎌倉年代記裏書』、④『霜月の乱聞書』の四点があり、①によると、北条時宗没後に執権となった若い貞時は、その母が安達氏の女性であったことから、安達氏は外祖父として権力を強め、内管領として権力を振るう平頼綱（平禅門）との対立が激化した。泰盛の嫡子宗景が曽祖父景盛は源頼朝の子ということで、藤原姓を源姓に変えたことから、平頼綱は将軍職を狙う謀反ということで、安達氏の討滅を企てたと記している。

同時代の記録と考えられる④の『霜月の乱聞書』（『梵網戒本疏日珠抄裏書文書』京都府熊谷直之氏所蔵）は、この乱で誅殺された安達一族や親類縁者の一族名を並べて提示し、その冒頭に次のように記している。

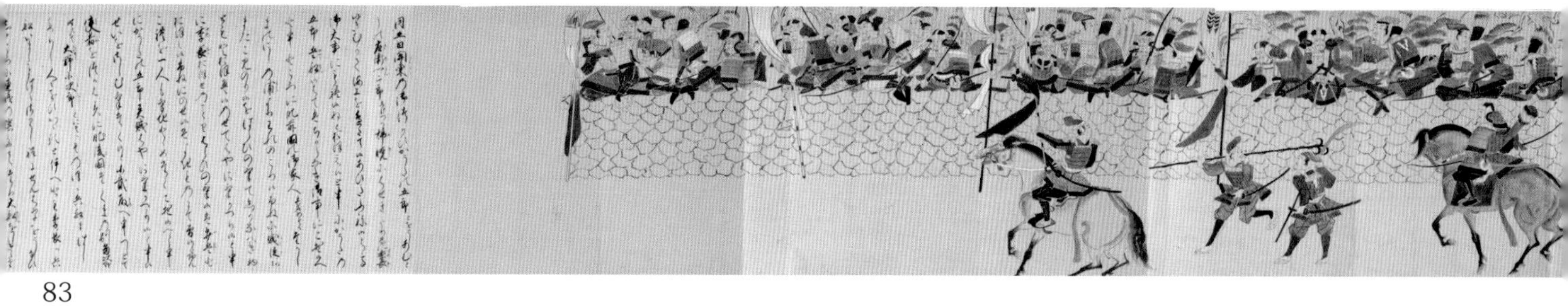

城（安達泰盛）入道并城介、美乃（宗景）入道、十郎判官（長景）入道、一門（時景）皆討たれおわんぬ。奥州入道（泰盛）十七日巳刻マテハ松か上ニ往し、其後世中動によって塔ノ辻ノ屋方へ午時ニ出られけるニ、守殿（北条貞時）に参らると云々。死人三十人、城十郎判官ユヤマへ（以下欠）

ここに安達泰盛の動向がメモ書きされている。泰盛は、弘安八年（一二八五）一一月一七日巳刻（午前一〇時頃）までは「松か上」（松谷寺）に生活しており、その後に世間の動向（混乱）によって、「塔ノ辻屋方（館）」に午時（午前一二時）に出かけて、それから鎌倉中心部（小町）の「守殿」（執権北条貞時）邸に出向いたというのである。この行動は、安達氏の謀反の嫌疑を晴らすための三〇人もの人々の集団直訴（強訴）とも言うべきもので、この行動の集団は執権北条貞時・平頼綱の手兵によって鎮圧されて殺害されたとある。これらの人々の名はこの記事の後に記されており、別記［霜月の乱討死者名］にまとめた。

これによってこの日の、安達泰盛の動向を見ておこう。泰盛はすでに本拠地の甘縄館を離れて、松か上（松谷寺）に行っていた。ここには、安達氏の松谷文庫があり、武蔵の金沢にある北条顕時の金沢文庫とともに図書や資料の収集をし『吾妻鏡』編さんの場となっていたと思われる。なおこの北条顕時は、安達泰盛の娘婿で『蒙古襲来絵詞』では、三鱗の家紋を付けた衣服を着て描かれている。この乱において顕時は追放となり、後に許されて復権している。

この松谷寺の次に安達泰盛等が赴いた「塔ノ辻屋方」はどこであろうか。「塔ノ辻」とは、主要道路の交差点に塔を建てたことから鎌倉には何か所かあるが、ここでいう塔ノ辻は、北から来る今小路と東から来る大町大路が合流して西に長谷小路となって走る交差点で、傍らに今日は六地蔵が建てられている。この交差点北の地域はこれに由来して「塔ノ辻」という地名となっていた。この地域の北部は、明治期に入り天皇家の御座所がつくられたことから「御成」の地名となり、やがて御成小学校が設立された。

〈峰岸考察〉「霜月の乱」（1285.11.17）当日の安達泰盛の行動から
今小路西遺跡を安達宗景邸と読み解く（・・・▶は泰盛の動き）

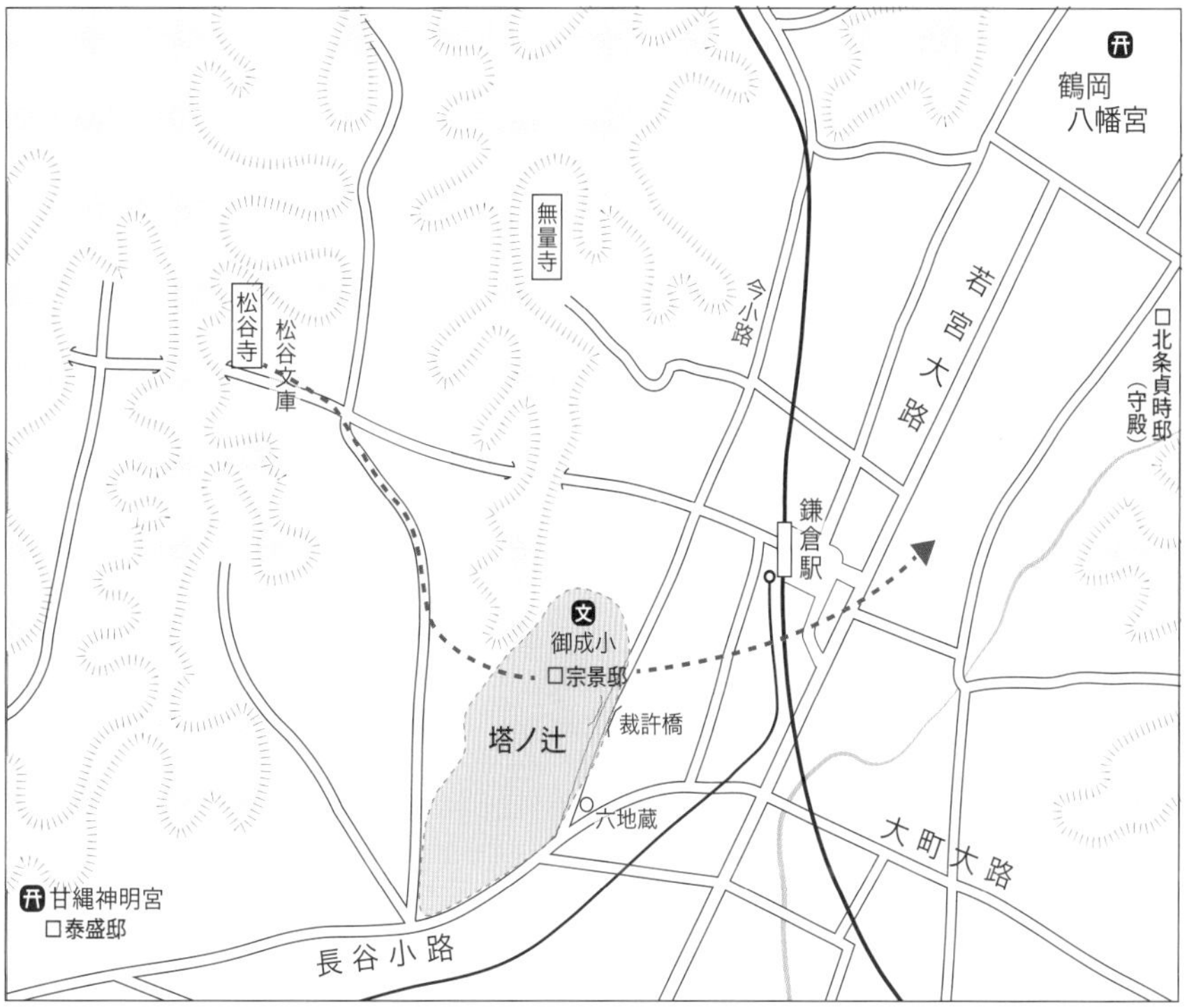

この場所から今小路西遺跡の発掘が行われ、広大な武家屋敷が確認された。北に接する山地に前述の安達氏菩提寺の無量寿院や西南山地中に松谷寺と文庫があり、この遺跡の北部隣接地から安達氏家臣団の「番文」が出土していることなどを含めて、この「塔ノ辻」の館は今小路西遺跡の武家屋敷で安達氏のものと考えてよいと思う。

中世の武家屋敷は一か所でなくてよい。下野の足利氏の拠点の足利荘の場合では、子息が成人に達して嫁を迎えた場合、新しい屋敷を造立してそこを新たな拠点とする。父の屋敷は生存中には存続するが、その没後に寺院化することが繰り返されていく。結局無数の寺院が屋敷跡として遺されていくのである。安達泰盛の子息宗景は前述のようにすでに父の引退後に幕府の要人として活躍している。この安達宗景の屋敷を「辻ノ塔屋方」・今小路西遺跡に比定してよいと思う。

私にとって長い間懸案になっていた、今小路西遺跡は誰の館かということは、二〇一八年の金沢文庫の特別展を契機に一挙に自分なりの解決をみた。すなわち安達氏（厳密に言うと安達宗景）の館ということでそこには家宰とも言うべき秋間氏をはじめとする家臣団の住居があったのである。

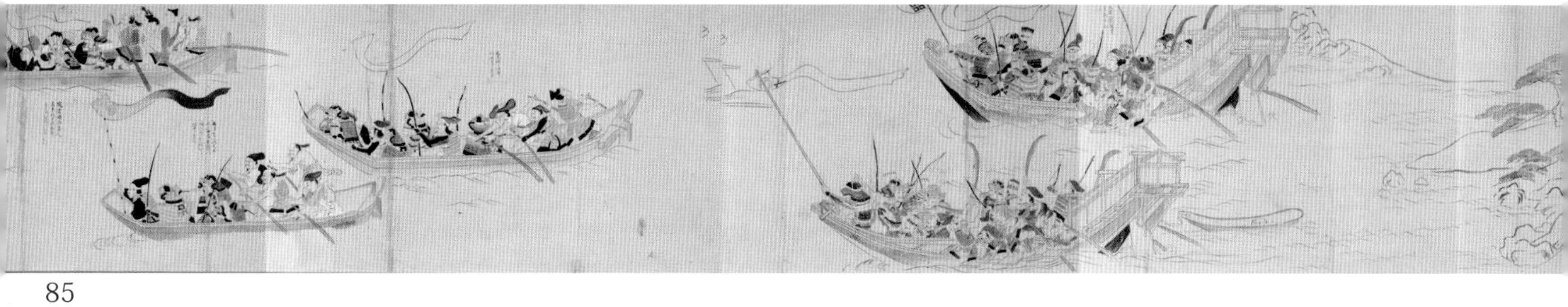

第三章　南北朝・室町時代の鎌倉

一　足利氏と鎌倉

鎌倉幕府が滅亡し、足利政権の時代に入ると鎌倉は一変する。北条氏やその家臣団の屋敷は消滅し、代わって足利氏やその家臣団が勢力を張り、激変の中で勢力を維持した豪族層の屋敷は維持された。足利氏は、京都と鎌倉を首都とし、足利尊氏の二人の息子が、兄の義詮は京都の将軍（室町公方）、弟の基氏は鎌倉公方として日本列島を東西に分けた二元的国家を形成し、鎌倉はその東の首都となった。

鎌倉公方屋敷は、鎌倉の東部、滑川の北岸の御所之内に築かれ、この地域に足利氏直臣（管領家）の上杉氏のうち、犬懸・宅間の上杉氏、鎌倉中心部の西に扇ケ谷・山ノ内の上杉氏が配置された。鎌倉東部地域の紅葉谷の瑞泉寺には足利基氏の墓所が存在する。また山ノ内の丘陵地域には、円覚寺をはじめとする多くの有名寺社が集中して建立され、鎌倉の宗教都市部を形成する。この点は、鎌倉南部の材木座や経師谷の地域と共通する。鎌倉の政治・宗教都市の形成が南北朝・室町時代に行われたのである。

二　享徳の乱と鎌倉

一五世紀の後半、享徳の乱の発生で関東の首都鎌倉はどのように変化したのであろうか。鎌倉公方足利成氏が広大な屋敷と鎌倉府の政所・公文所・問注所などの役所を構え、その周辺には鎌倉府の有力武士、守護や守護代などの屋敷が甍を並べて建っていた。

中心となる宗教施設は雪ノ下に鎮座する鶴岡八幡宮寺でその周辺の東谷（雪ノ下）・西谷・北谷・南谷に二十五坊の寺坊が建てられ、輪番制で八幡宮寺の管理運営にあたっていた。その他、天台・

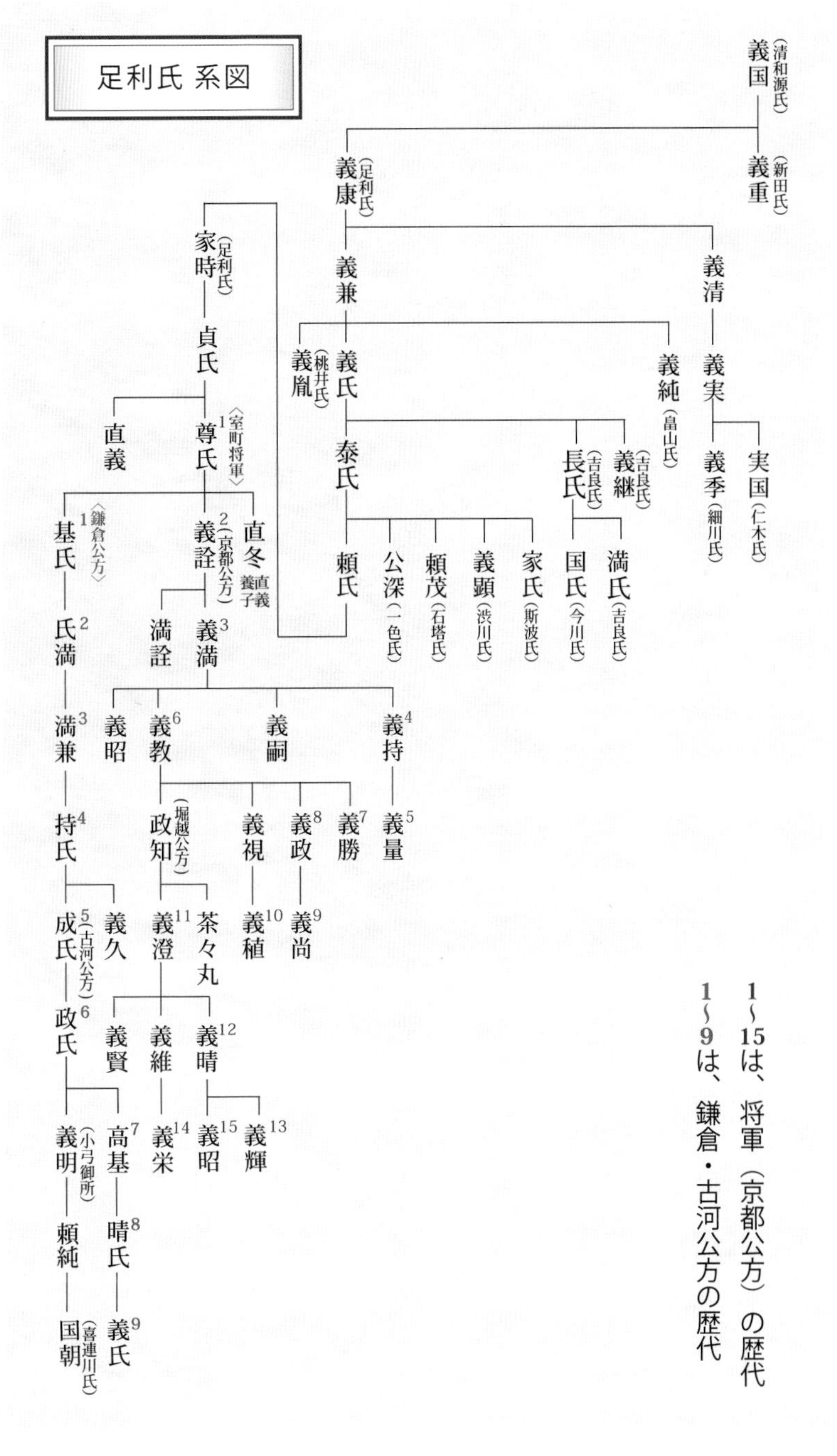

真言の旧仏教、臨済・曹洞・浄土・浄土真・日蓮などの鎌倉仏教寺院とそれに付属する神社が林立していた。

とりわけ著名な大寺院は、雪ノ下大御堂の勝長寿院と二階堂の永福寺である。共に源頼朝の勧請によるもので、足利成氏の古河への退去後には、保護者を失って廃寺となっている。宗派では、旧仏教の真言宗と鎌倉仏教の臨済・浄土・日蓮の各宗派が優勢であった。まさに政治都市であると同時に一大宗教都市であった。

しかし享徳の乱が発生し、鎌倉公方足利成氏は武蔵・下総方面での幕府・上杉方との抗争の後

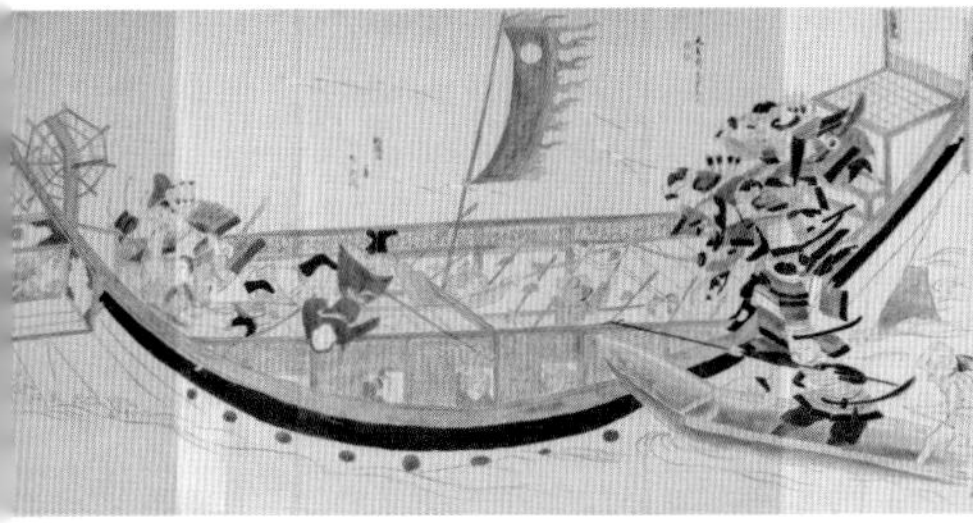
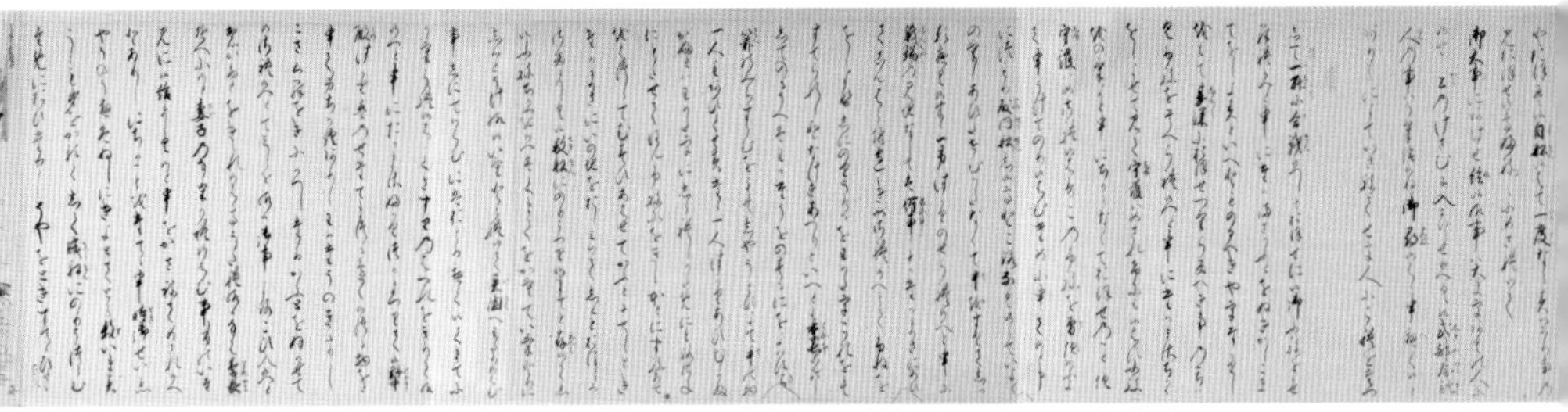

に、享徳四年（一四五五）三月に本拠を鎌倉から下総の古河に移して古河公方となった。ここに、鎌倉は鎌倉・南北朝、室町前期と治承四年（一一八〇）から二七五年、鎌倉幕府～鎌倉府と続いた東国政権の首都として終わりを告げた。この間に鎌倉は、政治都市であると同時に日本を代表する宗教都市として展開してきた。この足利成氏の古河移転によって政治都市の役割が消えて宗教都市として今日に至るまで独自の展開を遂げることになる。

鎌倉公方が本拠とした政治機構や公方の元の館や有力武士の鎌倉の館がすべて撤去されて政治都市の面影は完全に消えた。それによって鎌倉はどのように変貌して行ったのであろうか。一般的には都市としての衰退の一歩をたどったと評価されているが、果たしてそうであろうか。また享徳の乱で対立する二大勢力は鎌倉をどう見ていたのであろうか。

足利成氏が鎌倉を去った後、幕府方の駿河守護の今川範忠が鎌倉にしばらく進駐していたがやがて帰国してしまった。その後は相模国の守護扇ケ谷上杉氏や守護代の太田氏が政治的に管轄していたと考えられるが軍勢の進駐はなかった。

長禄元年（一四五七）に幕府は、足利成氏に代わる関東公方として将軍足利義政の兄政知を派遣することを決定するが、その時に問題が生じた。幕府は当然鎌倉に派遣して鎌倉公方とすることを期待していたが、それは実現せず、翌長禄二年（一四五八）に伊豆の堀越《ほりごえ》に下って堀越公方となった。政知の補佐役として関東探題の名称で、渋川義鏡が任命された。その間の事情については明白な結論は出し得ないが、関東の諸勢力、とりわけ関東管領上杉房顕や相模守護上杉政真らの反対があったと思われる。すなわち幕府直属の権力の支配下に入ることに疑問を感じたこともあると思う。下向はやむなしとしたとしても、その鎌倉入りに反対する理由はどこにあったのであろうか。それは、享徳の乱を争う両勢力が宗教都市鎌倉の保全を重大事と考えていた為と思われる。足利政知が鎌倉に入部して鎌倉公方となれば、古河公方足利成氏の鎌倉攻撃作戦が行われ、鎌倉が戦乱の巷になることが必然化する。それは宗教都市鎌倉に思いを寄せる人々にとって耐えがたいものである。また、鎌倉の寺社勢力にとっても同様であろう。

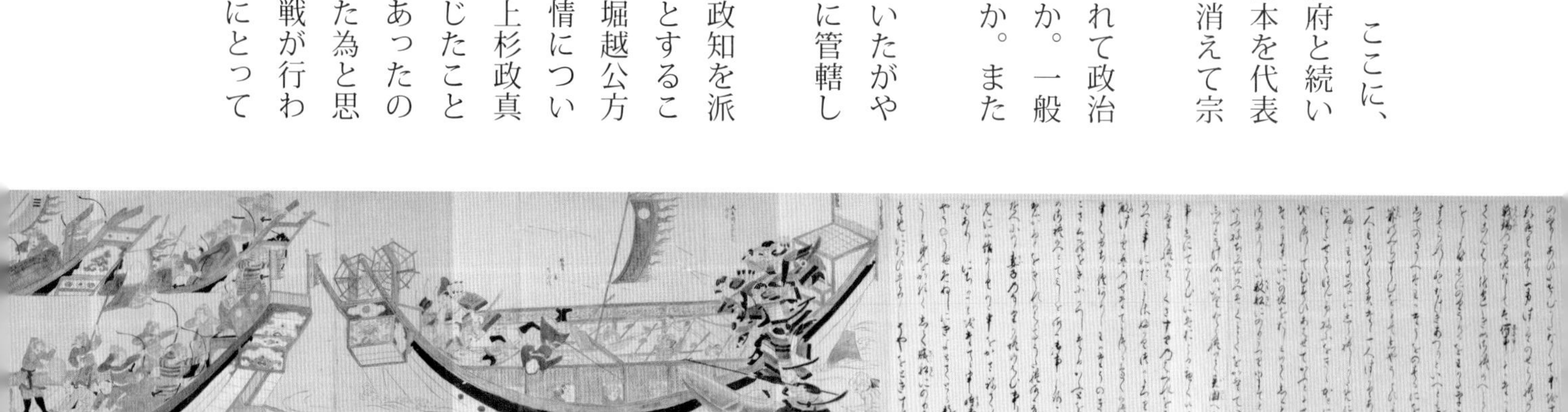

これらの意向が総体化されて、関東下向はやむなしとしても政知の鎌倉下向は反対で、結果として伊豆の堀越公方の実現に至ったと考えられる。

三 小田原北条氏による鶴岡八幡宮寺の再建とその後

戦国時代が経過して関東が北の上杉氏、西の武田氏、南の北条氏の三つ巴の争覇の舞台になり戦闘が繰り返されるが、その時に鎌倉はどうなっていたであろうか。北条氏は相模を制覇していったが鎌倉には進駐しなかった。郊外に玉縄城を築いて小田原城の前線基地としたが、宗教都市鎌倉の保存には全面的に努力した。

しかし、大永五年（一五二五）八月に鎌倉は大地震に襲われ、（「異本塔寺長帳」）九月には暴風の襲来で円覚寺・寿福寺なども大きな被害を受けた。翌六年（一五二六）一一月には安房の里見義堯が船で渡海して鎌倉に乱入し鶴岡八幡宮付近で迎え撃つ北条氏綱と合戦して間もなく敗れて討死して里見は安房に退去した。この戦闘で鶴岡八幡宮寺はさらに大きな被害を受けてしまったと考えられている。

北条氏綱は破壊されたこの社殿の再興に天文元年（一五三二）から永年の歳月と経費をかけて全力を尽くした。鎌倉・伊豆・玉縄の番匠（大工）以外に奈良の番匠も参加したという。天文六年（一五三七）に鳥居の材を数千人の人夫で由

鶴岡八幡宮参道

比ケ浜に引き上げる時に、この日に河越城が落城して北条軍が勝利したとの情報が入り、「これは神の御影向」だと話題になったという。天文九年（一五四〇）九月に工事は完成し御遷宮の儀式が行われた。（以上、『北条五代記』、『鶴岡造営日記』、『快元僧都記』など）。

戦国時代が終結し、豊臣秀吉政権が成立した時、東海地方を基盤とした徳川家康は関東に移封されることとなった。その時点で徳川氏の関東での中心都市をどこにするか、おそらく鎌倉も候補に上がったと思われるが、鎌倉は選ばれずに武蔵の江戸に決定した。その理由は、城郭が未発達の鎌倉に対して、江戸は江戸・太田・扇ケ谷上杉・遠山氏などの居城として発展し、また鎌倉を含む東海地域の明応七年（一四九八）大地震津波を家康の先祖松平氏が体験したことから、この被害の少ない江戸湾（東京湾）内の江戸が選ばれたと考えられる。

結び

鎌倉の歴史の興味を抱かれる読者のみなさんに見ていただきたい歴史書が二つある。『吾妻鏡』（前・後編）と『尊卑文脈』（四編と索引）で、ともに吉川弘文館から翻刻・出版されている。『吾妻鏡』は、鎌倉時代の源頼朝の挙兵（治承四年・一一八〇）から鎌倉後期（文永三年・一二六六）の将軍宗尊親王の辞任までの八六年間の幕府関係の歴史を日記の体裁で記述したものである。編者は安達氏や金沢北条氏とされている。『尊卑文脈』（「尊」は公家、「卑」は武家）は、主要な公家・武家の系図を総まとめにしたもので、南北朝期の公家洞院公定が作成したものである。読者の皆さんは、是非この二つの史料に触れて鎌倉の歴史を体感して欲しいと思う。

かつて一九七〇～八〇年代に私は鎌倉（玉縄）、横浜に居住し文化庁関係の遺跡調査やその保存にかかわっていたが、その頃、鎌倉の世界遺産の指定問題が起こった。私はその運動をサポートし、鎌倉に合わせて横浜市の金沢称名寺を加え、そこをつなぐ朝比奈の切通をも加えて欲しい

と主張した。その後私は都内の日野市に移り運動とは遠のいてきたが、一時停滞していたこの運動が地元の粘り強い活動によって近年活発化してきたと聞いている。

中世日本の寺社は、公家・武士たちが、自らの信仰の表現として、あるいは先祖や父母、あるいは関係者の供養のために建立したものである。この関係者の供養の中には、戦乱の中で敵対関係の中で攻め滅ぼした人物も含まれている。このような敵対者の供養は、その亡魂が浮かばれずに報復の危害をなすと信じられていたからである。このように亡者の供養は敵味方を問わない特徴を持っていたのである。

以上の理由で、鎌倉には多くの寺社が建立されて、鎌倉は当時の日本列島における東国の霊場となっていたのである。このような点を理解して、多くの方々が鎌倉を経めぐる場合の手引書として本書を活用していただくことを期待する次第である。

◉主要参考文献

浅野晴樹『中世考古〈やきもの〉ガイドブック―中世やきものの世界―』新泉社、二〇二〇年
阿部能久「享徳の乱」（高橋典幸編『中世史講義』〔戦乱篇〕）筑摩書房、二〇二〇年
上杉和彦『源頼朝と鎌倉幕府』新日本出版社、二〇〇三年
大三輪龍彦編『中世鎌倉の発掘』有隣堂、一九八三年
岡陽一郎『大道　鎌倉時代の幹線道路』吉川弘文館、二〇一九年
長田暁二編『日本抒情歌全集（1）』ドレミ楽譜出版社、一九八六年
金沢文庫特別展図録『安達一族と鎌倉幕府』神奈川県立金沢文庫、二〇一八年
鎌倉市『鎌倉市史』（社寺編および総説編）吉川弘文館、一九五九年
鎌倉市教育委員会『神奈川県鎌倉市今小路西遺跡（御成小学校内）第5次発掘調査概報』一九九三年
菊間照民『源頼朝―安房をめぐる14日間と伝説―』精文社、二〇〇五年
黒板勝美編『吾妻鏡』（前・後編）吉川弘文館、一九六四年
黒板勝美編『尊卑文脈』（四巻）吉川弘文館、一九六六年
黒板勝美編『尊卑文脈』（索引）吉川弘文館、一九六六年
黒田日出男『源頼朝の真像』（角川選書）角川学芸出版、二〇一一年
御家人制研究会（代表安田元久）編『吾妻鏡人名索引』吉川弘文館、一九七一年
五味文彦編『京・鎌倉の王権』（日本の時代史8）吉川弘文館、二〇〇三年
五味文彦編『吾妻鏡と中世都市鎌倉の多角的研究』（研究成果報告書）、二〇〇六年
近藤成一『鎌倉幕府と朝廷』（岩波新書）岩波書店、二〇一六年
塩澤寛樹『鎌倉大仏の謎』吉川弘文館、二〇一〇年
篠塚明彦他『蒙古襲来絵詞』貴重本刊行会、一九九六年
清水真澄『源氏将軍神話の誕生』（NHKブックス）日本放送出版協会、二〇〇九年
高橋慎一郎編『鎌倉の世界』（史跡で読む日本の歴史6）吉川弘文館、二〇一〇年
高橋慎一郎編『鎌倉の歴史―谷戸めぐりのススメ―』高志書院、二〇一七年
松吉大樹「無量寺谷　安達氏邸と持仏堂」同右書掲載論文
高橋典幸『源頼朝―東国を選んだ武家の貴公子』（日本史リブレット、人）山川出版社、二〇一〇年
永原慶二『源頼朝』（岩波新書）岩波書店、一九五八年
日本史史料研究会『将軍・執権・連署―鎌倉幕府権力を考える―』吉川弘文館、二〇一八年
貫達人『鎌倉廃寺事典』有隣堂、一九八〇年

菱沼一憲『源頼朝—鎌倉幕府草創への道—』（中世武士選書38）戎光祥出版、二〇一七年
細川重男『北条氏と鎌倉幕府』講談社、二〇一一年
細川重男編（日本史史料研究会監修）『鎌倉将軍・執権・連署列伝』吉川弘文館、二〇一五年
峰岸純夫監修『まんが新田義貞』（画・井上のぼる）上毛新聞社、一九九一年
峰岸純夫『中世災害・戦乱の社会史』吉川弘文館、二〇〇一年
峰岸純夫『新田義貞』吉川弘文館、二〇〇五年
峰岸純夫『中世東国の荘園公領と宗教』吉川弘文館、二〇〇六年
峰岸純夫『中世荘園公領制と流通』岩田書院、二〇〇九年
峰岸純夫『足利尊氏と直義—京の夢・鎌倉の夢—』吉川弘文館、二〇〇九年
峰岸純夫『中世の合戦と城郭』高志書院、二〇〇九年
峰岸純夫『新田岩松氏』戎光祥出版、二〇一一年
峰岸純夫『享徳の乱—中世東国の「三十年戦争」—』講談社、二〇一七年
峰岸純夫「鎌倉における上野守護安達氏の館と寺—今小路西遺跡と無量寿院—」『群馬文化』三三六号、二〇一九年
山田邦明『享徳の乱と太田道灌』（敗者の日本史8）吉川弘文館、二〇一五年
山本幸司『頼朝の天下草創』（日本の歴史9）講談社、二〇〇一年

あとがき

私は、二〇―三〇歳代に鎌倉（大船）の玉縄小学校や横浜市立の港高校（定時制）に勤め、玉縄や横浜市に居住し歴史研究を志して慶応大学大学院に進んだ。そして、中世の鎌倉の歴史に興味を抱き、暇を見つけては鎌倉の寺社や遺跡を渡り歩いた。その後、各地の文化財の調査保存にかかわり、国の文化財保護専門委員となった。この間に、横浜市六浦の上行寺東遺跡や鎌倉市御成小学校遺跡の保存運動にかかわった。

このような中で、新田義貞の鎌倉攻めの際の稲村ケ崎の突破問題を研究し現地調査をしばしば行い、その凄さに感銘した。それ故、六月の大引潮の日に数回多くの人を誘って潮の引けた海底を渡って鎌倉の中心部に入った。（図のⒷ）この行事は人気を呼んで、数百人の人々が集まるようになると、警備の警察官がやってくるようになり、危険防止ということで警察や市から禁止を示唆され、ついに中止することになった。

これらのことで当時多くの友人を得たが、それらの友人は今日では故人となった人々が多い。鎌倉市今泉台に住んでおられた藤木久志さんは昨年お亡くなりになった。

本書の原稿を書きながら、これらの過去の思い出が、次々とよみがえってきた。何度も発掘現場に赴いた御成小学校遺跡については、この広大な中世城館が誰のものなのかを考えて、鎌倉幕府の有力御家人の安達氏にたどりつき二つの論文を発表することができた。その内容を本書にも取り入れた。多くの方々の御批判を仰ぎたいと思う。読者のみなさんも本書を持って鎌倉を歩いて欲しい。そして、京都とならぶ中世東国の首都鎌倉を偲んで欲しいと思う次第であります。

本書の成立には、編集者の田中潤・田中裕子両氏の大きな御助力が忘れえない。感謝する次第である。なお校正には、妻立枝にもお世話になった。感謝します。

二〇二〇年五月五日（八八歳、私の誕生日）　峰岸　純夫

新田義貞の鎌倉攻めを検証《 本文 p72 参照》

潮の引いた時を見計らって稲村ケ崎海岸Ⓐから海路鎌倉入りする峰岸調査隊《 1960 年代 著者撮影》

▲Ⓐ地点から撮影　潮が引く前

▲Ⓑ 地点から撮影　潮が引いて海底が現れ、歩いて渡る様子

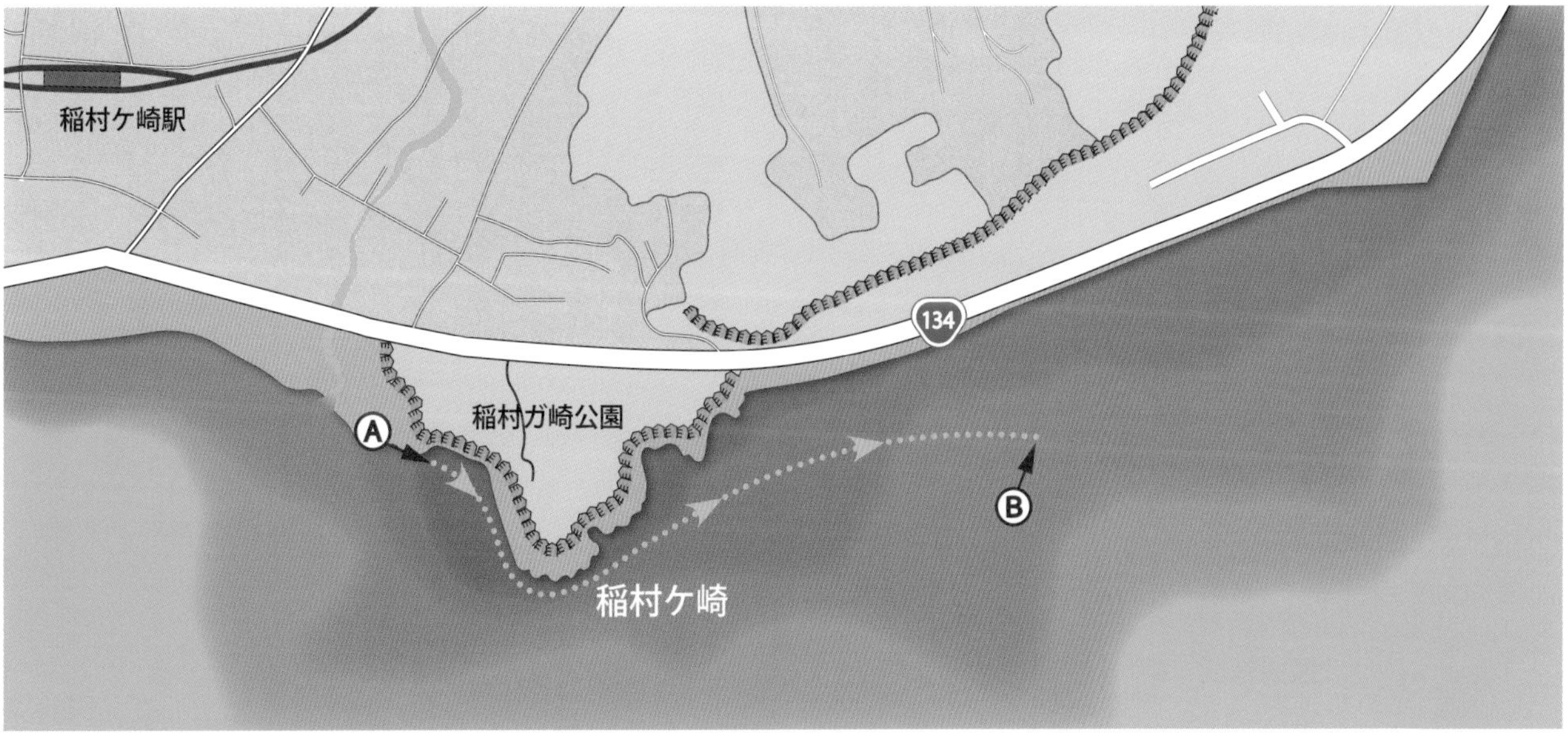

峰岸調査隊の進路図 ⒶⒷ は撮影地点、↑は撮影の方向を示す

● 峰岸純夫（みねぎし・すみお）

一九三二年、群馬県生まれ。東京都立大学名誉教授。文学博士。専攻は日本中世史。

慶應義塾大学大学院文学研究科史学専攻修士課程修了。東京都立大学人文学部教授、東京都立大学附属高等学校校長、中央大学文学部教授を歴任。

著書に『中世の東国』『中世社会の一揆と宗教』（ともに東京大学出版会）、『中世災害・戦乱の社会史』『新田義貞』『中世東国の荘園公領と宗教』『足利尊氏と直義』（いずれも吉川弘文館）、『享徳の乱』（講談社）、『中世の合戦と城郭』（高志書院）、『中世荘園公領制と流通』（岩田書院）、『日本中世の社会構成・階級と身分』（校倉書房）など。その他、共編著多数。

中世鎌倉盛衰草紙

東国首都鎌倉の成立と展開

2020年8月15日　初版第1刷

著　者　峰岸 純夫
発行人　田中 裕子
発行所　歴史探訪社株式会社
〒248-0007 鎌倉市大町2-9-6
Tel 0467-55-8270　Fax 0467-55-8271
http://www.rekishitanbou.com/
発売所　株式会社メディアパル（共同出版者・流通責任者）
〒162-8710 東京都新宿区東五軒町6-24
Tel 03-5261-1171　Fax 03-3235-4645

印刷・製本　新灯印刷株式会社

ISBN978-4-8021-3192-6 C0021

● 写真／原田寛（はらだ・ひろし）星月写真企画

「古都グラファー」として活動し、鎌倉の歴史と文化、自然の撮影をライフワークとしている。主な作品集に『鎌倉』『鎌倉Ⅱ』（求龍堂）『古都櫻』（日本写真企画）他。鎌倉市在住。

● 表紙・本文人物画／矢野元晴（やの・もとはる）

鎌倉水彩画塾 塾長。生まれ育った鎌倉で、独自の水彩印象画法による鎌倉水彩画塾を開講。画集『水彩印象画 平成鎌倉の記憶』（歴史探訪社）

● 装丁・デザイン／青山志乃〈ブルークロス〉

企画・編集／犬懸坂祇園